一行禪師講《阿彌陀經》

Finding Our True Home

一行禪師——著
士嚴——譯

目次

這就是淨土

這裡就是淨土，
淨土就在這裡。
我正念地微笑，
安住當下此刻。
佛陀見於秋葉，
佛法就在浮雲，
僧伽在每一處，
這是我們的家。
吸氣，花兒在盛放。
呼氣，竹樹在搖曳。
我心安樂自在，
我享受每一刻。

Here is the Pure Land

Here is the Pureland,
the Pureland is here.
I smile in mindfulness,
and dwell in the present moment.
The Buddha is seen in an autumn leaf,
The Dharma in a floating cloud,
The Sangha body is everywhere,
my true home is right here.
Breathing in, flowers are blooming.
Breathing out I am aware that bamboos are swaying.
My mind is free and I enjoy every moment.

〈序〉淨土就在此時此地

真德法師

淨土宗

淨土宗是目前在中國、越南及日本最普遍的佛教宗派。淨土宗的修行建基於西方極樂淨土的信念。這種信念範圍廣泛，由民間信仰，到唯心淨土：當下就能體驗到深刻的安樂自在。

人們普遍相信，在我們所住的世界西方過十萬億國土有一極樂世界。人們念阿彌陀佛，憶念佛殊勝的功德，死後就能往生西方淨土。往牛淨土後，他們的修行就不會退轉，只會向前邁進，轉化煩惱，得到更大的自在。最終他們會成爲幫助其他人從苦痛中解脫的法器。極樂世界，淨土，是修行的理想境地。

而更深刻的修行，是體悟到阿彌陀佛就是你的本性，極樂世界就在你的心中。

「淨土」是中國祖師對極樂世界的另一種說法。極樂世界被視爲清淨，沒有心靈污染的世界，在我們居住的地球就能找到許多這樣的地方。人們相信，眞正的幸福快樂是在日常生活中修行得到的成果。

大乘經典《華嚴經》說：「一即一切，一切即一」註❶。念阿彌陀佛的人要明白，其他一切佛都在阿彌陀佛之內，而阿彌陀佛也在其他一切佛之內。極樂世界是一處包容之地，接引一切佛所指導的修習者，不一定是阿彌陀佛。極樂世界也接引修行尚淺，仍未完全出離煩惱的人。

淨土中的老中青

每兩年，一行禪師都會帶領由僧眾和居士組成的梅村代表團到訪中國。寺院裡懸掛的墨寶、庭院種植的花草樹木、建築、佛菩薩像、鐘磬，都幫助我們毫不費力地修習正念。一踏入寺院的門檻，就已經感覺到我們在另一個世界，不受外邊的交通和消費主義影響。

我們身處在一個有千年歷史的世界中。我們所做的，都只是中國歷代佛弟子所做的。不費一點力氣，我們就能融入其中。這種理想的修行環境，讓我們很快地就能體悟佛性。如果這裡不是淨土，哪裡才是淨土？

二〇〇二年我們到訪中國，住在峨眉山下的報國寺。峨眉山是大智文殊師利菩薩的道場。那裡的僧侶修行淨土法門。每天的晚課都會念阿彌陀佛。晚課主要是在佛堂繞佛，念「南無阿彌陀佛」。超過一百位僧尼、居士，一起繞佛和念佛，產生了強大的念力和定力。

如果我們觀察每一個念佛者的內心，會發現他們專注於許多不同的對象。有些人心念集中於離地球很遙遠的淨土，希望死後能往生西方淨土。有些人則能夠在念佛的當下就觸及淨土，不會想到未來或是另一個地方。

年長一輩通常爲死後能往生淨土而感到安慰。往生淨土，他們就能繼續修行。但淨土法門如何能聯繫到年輕人？年輕人接受過現代的科學教育，我們能使他們相信在西方某一角落有這樣的淨土嗎？我們到訪中國時，跟許多受過科學教育的年輕人談話。他們住在城市裡，卻仍然感到迷失。他們不願意停留在老舊的文化中，想要模仿西方國家的生活方式。他們想跟隨西方年輕人一樣的消費模式。但他們最深的渴望，是找到帶來解脫的心靈道路，帶給他們眞正的幸福。

淨土法門能夠給予他們這樣的道路嗎？

在法國梅村，一行禪師的駐地，許多年輕人過來修行淨土法門。因爲梅村沒有給這些修行方法起一個名稱，所以他們根本不知道是在修行淨土法門。梅村所修行的淨土法門，是幸福快樂地安住在當下，感恩此刻生命賦予我們美好愉快的事物。年輕人能夠接受這樣的淨土。他們無需害怕未來，因爲他們覺知到淨土就在當下，他們清楚知道在生命中未來的時間，他們仍能認出這淨土。

如果我們無法在這一世、這一刻找到淨土，那麼在未來也很難找到淨土。

我在中國的時候，和其他念佛者一起在佛堂念阿彌陀佛。我感受到這是我在地球上最想做的事：跟許多人一起走向眞、善、美。《阿彌陀經》讓我們更能覺察地球美麗的面貌。當我走到佛堂外的時候，聽到鳥兒平靜的歌聲，枯萎的秋葉落在地上的瑟瑟聲，都在顯示佛陀的教導。經中教導我們要停下來，看看周圍的花草樹木，覺知它們是我們生命中最珍貴、最寶貴的東西。

佛教的祖師大德教導我們，淨土就在我們心中，阿彌陀佛是我們的本性。一旦我們學習到如何安住在淨土裡，我們就可以走到外邊去，即使在機場、火車站，或者是喧鬧繁忙和髒亂的街道上，都可以開始感覺到自己是走在淨土裡。我們正念的步伐產生的力量，讓淨土在我們所處之地顯現。如果我們隨身帶著淨土，我們就可以和其他人分享，那就不只是我們受益，全世界也能獲益。

不同信仰裡的淨土

幾乎在所有的信仰中，都有心靈住處這個概念。

在猶太教和基督教，有神的國（天國），也有伊甸園。詩篇84：「燕子為自己找著菢雛之窩」，到天國就好比是回到家。耶穌在馬可福音4：26，以種子比喻天國：「又說、神的國、如同人把種撒在地上、黑夜睡覺、白日起來、這種就發芽漸長、那人卻不曉得如何這樣……但種上以後、就長起來、比各樣的菜都大、又長出大枝來。甚至天上的飛鳥、可以宿在他的樹蔭下。」

在印度教，有不死之處，帝釋天（Indra 因陀羅）的天國都城阿摩羅婆提（Amaravati阿瑪拉瓦第）。梵界（Brahma -loka ）和梵住（Brahmavihara）是印度教徒希望與梵天同住的地方。在這裡眞愛可以在慈（maitri）、悲（karuna）、喜（mudita）、捨（upeksha）中找得到。

而《古蘭經》（Qur'an）描述的伊甸園（Eden）也是一個天堂，人們在樂園裡靈修，與安拉（Allah）非常接近。根據某些人所說，他們甚至可以看到安拉的面貌。

我在北京郊區的靈光寺跟隨一行禪師步行時，我看到佛陀的雙腳，就是我老師的雙腳。我感覺到佛陀的雙腳，也是我的雙腳。幾百人一起走在寺院圍牆外的小道上，他們是那麼寧靜、祥和、愉快，他們有無比的專注。我們在淨土裡實踐菩薩道，超越障礙，體驗平安，同時就幫助了其他人實現平安。

就在此時

你手中的這本書，對於各種靈修信仰的人都意義深遠。本書指導我們如何深入修行，在此時此地安住淨土或天國。人人都可以根據自己的信仰，訓練自己，深深體驗日常生活，接觸自己眞正的家。

在中國，禪師們在見面時會互贈墨寶。通常一行禪師會贈送用英文寫的：淨土是此時此地。你的淨土就在當下，如果你此刻無法走在淨土中，那就沒有什麼能保證你死後能走在淨土中。這本書幫助你修學淨土法門，讓你能在當下接觸到淨土，也能幫助我們在這個地球上，爲了我們，爲了未來世代建設淨土。

譯註：

❶釋迦牟尼佛於公元前四八六年大般涅槃。大概四百年後，由公元前一百年到公元後一百年，出現了大乘佛教。淨土宗是大乘佛教發展的其中一支。

沒有任何關於淨土法門的印度典籍留存至今。只發現到一尊公元前一〇四年馬圖（Mathura）的阿彌陀佛像，這表示那時候在印度已經尊崇阿彌陀佛。學者們推測《無量壽經》和《阿彌陀經》是在公元後一百年左右，在印度西北部以普拉克里語言（Prakrit 古代印度的日常用語）寫成的。這個推測是基於語言學的證據，例如是普拉克里語的中文字譯或音譯。

淨土法門在公元後兩百年左右傳入中國，淨土宗的幾部經典被翻譯成漢語。公元後四〇二年，鳩摩羅什翻譯出《阿彌陀經》，就是你現在手上這本書使用的版本。

【第一章】淨土在哪裡？

《阿彌陀經》是一部大乘經典，發展於原始佛教。佛教猶如一棵不斷生長的大樹，每天長出更多枝葉，樹枝向外延伸，樹葉越來越茂盛。要有新的樹枝、新的樹葉、新的花果，佛教之樹才是一棵有生命的大樹。因此，每年、每月、每天，佛教都在發展中。大乘佛教可說是發展自原始佛教的花果。

我們不希望佛教是一具在博物館中乾枯的身體，而希望佛教是實在的生命，每天增添生命力。因此我們應接受佛教之樹，每天、每月、每年都長出新的枝和新的葉。佛教的發展沒有停下來，它依然是佛教。

各寺院包括禪寺都會讀誦《阿彌陀經》，因爲《阿彌陀經》說明的教理非常容易修習。剛修習佛法的人、沒有足夠念、定和慧的人，也可以修習《阿彌陀經》，不過這並不表示修習佛法已久的人就不修習此經。對於《阿彌陀經》，可以有甚深的理解，也可以有淺顯的理解。理解深的人可以修習此經，理解淺的人也可以修習此經，我們必需以完全開放的心去學習《阿彌陀經》。《阿彌陀經》的教法非常普遍，剛開始修習佛法的人可以修習，修習佛法已久的人也可以修習。修習已久的人念「南無阿彌陀佛」，其所見及所得非常大；剛開始修習的人念「南無阿彌陀佛」，也有所見及所得，但其所見及所得比較小。經由念佛，我們達到甚深的念、定和慧。即使我們的念、定、慧未深，同樣可以念佛。念佛的成果可以是大或者是小，取決於我們的修持，以及我們的念和定是否穩定。

《阿彌陀經》的背景

在進入《阿彌陀經》之前，我們要明白一些細節。

在原始佛教，念佛是一個非常重要的修習方法。念佛、念法、念僧、念戒、念施和念天，都是佛陀在世時的修習，這個方法稱爲隨念。佛陀在世時有很多弟子修習念佛。世尊具安穩和自在，有慈悲，有喜捨，每次稱念世尊時，我們自然會感到安康，能擁有世尊的安穩自在，因此現在有許多人念佛。我們常合掌念誦「禮敬世尊，阿羅漢，正偏知」，然後誦如來的十個名號：如來、應供、正偏知、明行足、善逝、世間解、無上士、調御丈夫、天人師、佛。

我們讀誦如來的十個名號，了解每個名號皆象徵如來的一種德性、一種能量。朗聲讀誦這些名號時，我們讓能量滲透我們，因而感到更安穩自在。以往人們也如此念佛，以得到安穩、自在和安樂。人們依然在念佛、念僧和念戒，因此，從一開始，念佛便已經是傳統佛教中的一個正統的修習方法。

修習念佛的人，最初想像佛在我們之外，正居住於祇園或靈山。如此念佛，我們自然能接觸到自己的安穩、自在和慈悲喜捨的元素。剛開始修習念佛，佛在我們之外，但慢慢地，佛變成既在我們之內，也在我們之外。因爲在我們的心識中，也有如佛般安穩自在的種子，有慈悲喜捨的種子，有應供、正徧知、明行足的種子。當我們如此念佛，既能接觸到在我們之外的佛，也能接觸到我們心中的佛。修習得好，我們會很快發現，其實佛常常在我們心中。因此，當佛往生時，我們不會痛哭，因爲我們已明白到佛常常在我們之中，永不會死去，原則就只是這麼簡單。

因此，不管佛在淨土中還是在淨土外，佛依然在我們心中，淨土常常在我們心中。阿彌陀佛在我們心中，淨土也在我們心中，那稱爲「唯心淨土」。「淨土位於西方，在我們之外」，這只是最初的概念。如果修習得好，我們便能更深入地看到阿彌陀佛和淨土並不只在西方，而是在我們心中，在每一方。因此，修習得好和還未修習得好的人，同樣達到成果，但修習得好的人其成果甚大，仍未修習得好的人成果則一般。

我們的祖師對《阿彌陀經》作了許多論述，很多都闡釋得非常深入。然而，我們不要沉醉於甚深微妙的理論。在本書，讓我們以全新的眼光學習《阿彌陀經》，以原始佛教的看法來看《阿彌陀經》的教理。我們跟隨禪觀現法樂住，幸福安住於當下一刻的方法，學習和修習《阿彌陀經》。我們於日常生活中學習和應用《阿彌陀經》，如此學習和修習，我們將會感到幸福、安樂、自在和安穩，阿彌陀佛和淨土將顯現於我們的日常生活中。

【第二章】最深的願望

我們知道，人們最深的渴望是想找到有安寧、愛和了解的生活環境，我們都夢想有這樣的環境。諸佛菩薩也和所有眾生一樣，有著相同的願望。因此，修習善巧和安穩的人，都想建設這樣的環境，滋養自己，也滋養別人。建設淨土的意向是所有修學者的心願。在我們之中，修習已久和剛開始修習的人都一樣，希望能建設一個環境，在那生活環境中，我們有老師、有朋友、有安寧、有保護、有愛，也有條件去修習並轉化自己的痛苦，同時也幫助其他人轉化痛苦。這樣的清淨處所，就是淨土。

《阿彌陀經》也在這願景之中。阿彌陀佛也有著同樣的渴望。那就是爲什麼他所建設的環境裡有安全、有愛、有許多條件去修習。阿彌陀佛的淨土，名爲極樂世界。我們心中都有那夢想，也想建設一個環境，讓我們能安住在那裡，有一個地方可以接引朋友和親愛的人，讓到那裡的人能一起生活，一起修學，一起受益於那個地方的安穩、自在、愛和安樂。雖然我們有這個心念，但有時我們並非如此美滿。

我們建設了一個修習的地方，然後就被困住，為那個地方奔波。我們用盡所有時間去建設，但卻未能建立那個地方的內容。我們都把時間浪費掉，因為在建立修習中心的時候，我們沒有修習祥和喜樂，那就失去修習中心應有的特質了。一所修習中心的內涵，是平安、喜樂、和諧、清淨。如果我們未能建設滋養這些環境的元素，那麼我們就只是那個環境的奴隸。我們奔波於找資金維持和發展那個地方的外殼，最終卻再也沒有時間去照顧自己和到那個地方的人。起初我們的本願和阿彌陀佛的本願一樣，但後來我們迷失了，迷失於其他方向，迷失於建設寺院或修習中心。建設修習中心使我們成爲世上最忙碌的人，我們完全失去自在，也失去了安樂和最初的本願。我們沒有實現那願望。建設和建立淨土是我們所有人的願望，但我們要善巧地建設淨土，否則便可能因而迷失自己。我們建立的地方要有清淨的品質，這樣才稱得上是淨土。

是什麼汙染了淨土？

如果我們沒有善巧地建設淨土，我們可能因此迷失其中。淨土需要有平安、清淨的品質。那是什麼染污了我們的淨土呢？首先，我們無時無刻都在忙碌。我們非常忙碌，忙於做佛事和建造寺院，以致沒有時間去修學、互相照顧、相親相愛。如此忙碌，淨的品質不見了，那即是染。我們有的是穢土，而不是淨土。我們讓錢財統治我們，讓錢財和權力指揮我們。在那個環境中，每個人都想有所成就，想擁有權力，也都想有錢財，所以那算不上淨土。因爲在那個環境中，我們只見到妒忌、憤怒和恐懼，這些元素皆爲不淨。最初我們有很好的心念，希望能夠建設淨土，走向美善的方向，但因爲缺乏善巧、缺乏正念，因而建立了一片穢土。忙碌這個元素損害並污染了我們的生活環境。

當我們到達一所修習中心，我們應該問：「在這中心裡有沒有污染？這裡有沒有權力鬥爭？人們是否整天爲錢財操心？是否只忙碌於組織和安排？人們有沒有時間修學？有沒有時間互愛和互相照顧？人們有沒有彼此妒忌、憤怒和恐懼？人們的生活安樂嗎？」我們應該能夠回答這些問題。

依賴我們的修習，依賴我們的決心，我們便能夠維持清淨而沒有污染的環境，那就是淨土。我們的環境是淨土還是穢土，其實是依從於居住在那國土的人之心念。我們有權也有能力建設淨土，共同生活，彼此照顧，相親相愛，在修學和轉化道上互相幫助；我們也有權建設穢土，那裡有爭奪、妒忌、恐懼，金錢和權力扮演著最主要的角色。是我們的心，決定了我們建立的家園是淨土，還是穢土

傾聽微風吹動

讀《阿彌陀經》時，我們聽到淨土，即極樂世界，是由阿彌陀佛的四十八願力建成。《阿彌陀經》提到淨土裡的人，以及在淨土裡眾人的日常生活。清晨，在那國土的人拿著布製成的籃子，拾起由天上落下的花朵，供養在他方國

土的諸佛菩薩。他們以神通往返於各國土，所以在探望和供花給他方國土的諸佛菩薩後，仍有足夠時間吃午飯。午飯後他們修習行禪。

每當微風吹拂，樹木發出微妙的聲音。如果傾耳聆聽枝葉中的微妙聲音，我們便能聽到五根、五力、七菩提分、八正道分和四聖諦的說法聲。那裡有種種奇妙雜色的鳥兒在空中飛翔，當我們細心聆聽鳥兒的歌聲，同樣也能聽到如來的法音。那是多麼的奇妙！

經中沒有具體提到大眾對建立淨土的貢獻，只說到阿彌陀佛的願力。其實，在任何生活環境中，所有參與的人都有責任作出貢獻。如果我們和居住在淨土裡的人一樣，懂得安樂自在地生活，有時間傾聽樹中的風聲，聽鳥兒的歌聲，摘花供養諸佛菩薩，正念進食和修習行禪，我們便已是在爲建設淨土作出貢獻。

無論阿彌陀佛有多自在，多安穩，多慈愛，但如果生於阿彌陀佛國土的人仍然繼續忙碌，繼續慣性地走路如走在熱炭上，仍然未能以愛語交談，則那國土完全稱不上是淨土。試想像在淨土中有人走路時匆匆忙忙，有人用充滿責備和苦澀的言語交談，那時候淨土便立刻消失。淨土是阿彌陀佛和在那國土的人共同的成果，因此，淨或不淨、淨的多與少，並不只取決於阿彌陀佛，也取決於那國土中的人。

我們在歐洲、亞洲、非洲或美國建立的修習環境也一樣，並不只是一些站出來創立那地方的人的成果，而是所有以自在的步伐、友善的微笑、互相包容和講說愛語的人的成果。大家共同創建淨土，在那裡，人人都能在愛和了解之中安寧地生活。因此，淨土是共同創建的成果。

如果在阿彌陀佛國土裡，有人仍未懂得行禪，走路時像被什麼追趕著，阿彌陀佛就會把他叫來，並說：「你過來這邊，我教你修習行禪。」當然，淨土裡有許多佛法老師，阿彌陀佛會叮囑各佛法老師，耐心教導剛生於淨土的人如何行禪、觀呼吸和正念進食。每天不知有多少人生於淨土，非常多，不過阿彌陀佛依然有足夠的佛法老師去教導並指引他們。

我們可以看到，即使生活於世間，充滿壓力和焦慮的世界，但如果我們所走的每一步都安穩自在，如果我們懂得講說愛語，懂得相親相愛，互相支持幫助，那麼淨土在這一刻就會顯現，進入阿彌陀佛的淨土會變得非常容易。如果在這裡我們有淨土，那麼無論到哪裡我們都有淨土。沒有人可以把淨土從我們之中拿走，我們在哪裡，淨土就在哪裡，淨土在我們心中。因爲我們決心要爲自己和別人實現淨土，因此無論走到哪裡，哪裡都會有淨土。淨土是我們和其他參與的人共同的成果。越修習，越能看清楚阿彌陀佛和淨土是唯心所造。

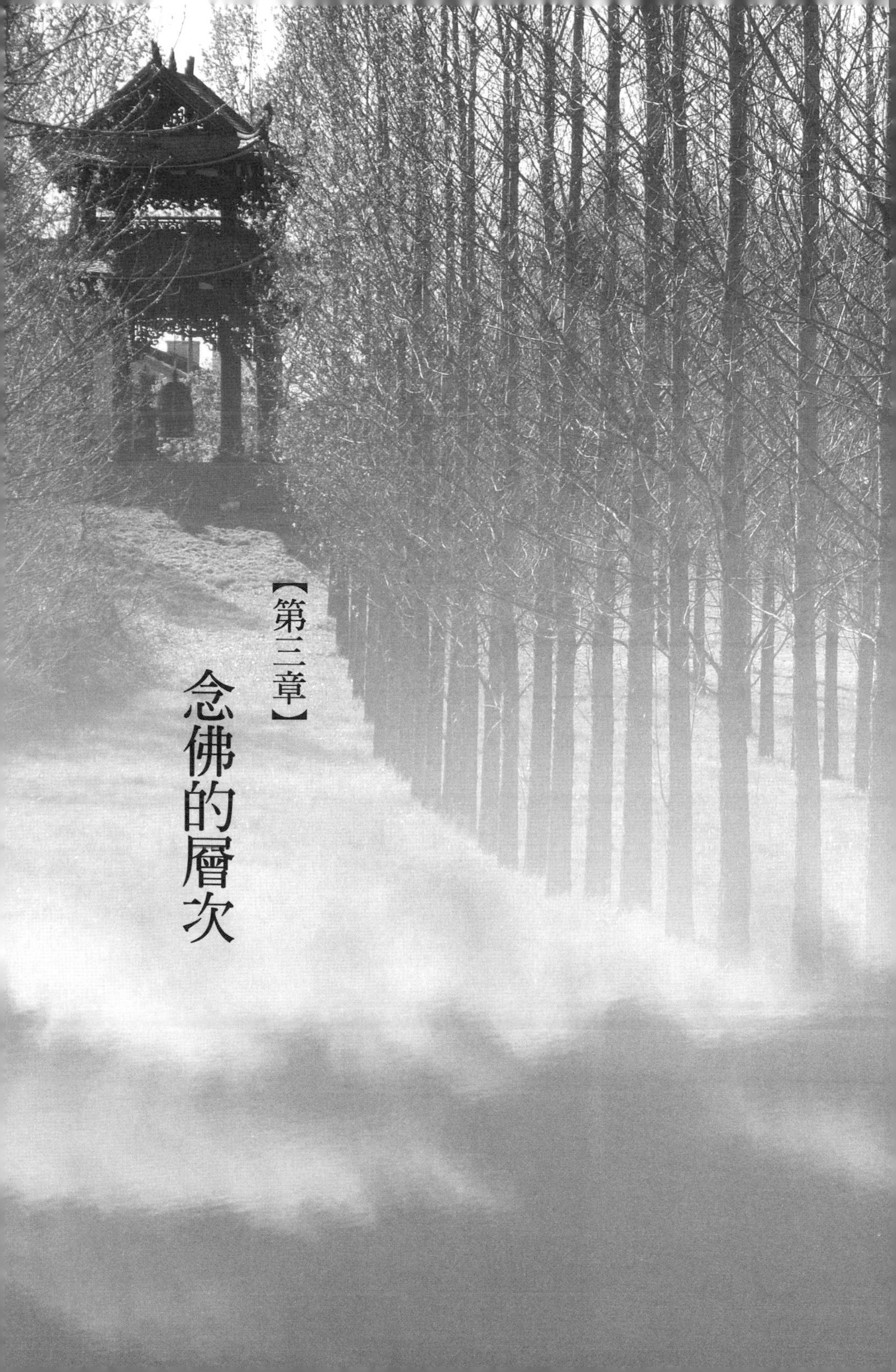

【第三章】念佛的層次

越南在進入李朝和陳朝時，禪宗開始邁向穩固的階段。在陳朝，念佛法門變得非常重要。慧中上士和陳太宗皇帝皆修禪，兩人非常重視淨土法門，因此陳太宗有論及淨土的著述，慧中上士也有著作談到阿彌陀佛。

陳太宗皇帝在其關於禪學的著作《課虛錄》中寫道：

念佛乃由心發起。心向善的方向，那就是善念，善念生起，則善業隨之而來。心向惡的方向，那就是惡念，惡念生起，則惡業隨之而來。如鏡顯影，如影隨形。因此，永明延壽禪師說：誰無念，誰無生？

那是修習的根本概念。一切皆由心，如果我們的心念是善，那麼我們的行動和生活皆為善；但如果我們的心生起惡念，則我們和我們的行動將會為惡，也就不再有幸福。因此，當我們的心以阿彌陀佛和淨土為對象，我們的念成為善念，善念令我們向上，善念帶來幸福。

讓我們聽陳太宗續說：

修行者希望生起正念以斷三業，因而需要借用念佛的修習。為何？因為念佛能斷除三業。念佛時，端身正坐，沒有不善的行為，那是斷身業。口說正語（即佛的名號），不說不善的話語，那是斷口業。意保持精勤不生惡念，那是斷意業。

念佛時，我們端身正坐，沒有不善的行爲，口不說惡毒或妒忌的話，稱爲身和口業的善念。我們的心不會想到鬥爭、恐懼或貪婪，因此我們的意業皆爲善。身、口、意都向善的方向，這是念佛的成果。念佛也是習禪的一種方法，因爲在習禪時，身、口、意都會走向正道。

淨土在心中

陳太宗又說：

但是，智者的修習有三種不同的程度。對於具有上智的人，心是佛，無需加添其他。念佛的主體和念佛的對象爲一，而不是分別的

兩個個體。念佛的對象和主體本然清淨，所以說如如不動是佛身。法身和我們的身體並不是兩個不同的現象，法身寂然常存，超越所有思想，因而名爲活佛。

在此，陳太宗皇帝談到修行有三種不同程度。對於上智的人，亦即最有慧根的人，佛並非在我們之外，而是眞正在我們之中。能念和所念爲一，一切都在心中。對於上智的人，淨土乃唯心淨土，阿彌陀佛本然寂靜，是清澈的自心。

彌陀法身

我們的祖先有如此的看法。如果依據上述所說，佛不再是在外面，而是在我們心中，能念和所念（念佛的主體和念佛的對象）並不分開。

慧中上士的原名是陳國嵩，他是陳興道將軍的兄長。陳興道將軍是在十三世紀時，保衛越南免受蒙古佔領的英雄。慧中上士寫了一首四句詩：

彌陀本實我法身
南北東西遍耀目
秋月御中天高寬
寂夜重洋遠亮照

陳太宗皇帝和慧中上士是兩把照亮陳朝禪學的火炬，他們都論及淨土，而且看法都很平實。對於他們，阿彌陀佛就如淨土一樣，並非在外在的空間，而是在我們心中。

首先，慧中上士提出，阿彌陀佛是我們的法身：

心內彌陀紫磨軀
東西南北法身周
長空只見孤輪月
刹海澄潛夜漫秋

法身（Dharmakaya）是我們自己的法身。我們所有人都有肉身，也有法身。我們的法身就是阿彌陀佛，這是一個實相，而不是一個概念。他在空間之中，也在時間之中。如果他是我們的法身，那麼他並不只在西方，也在南方、北方和東方。「南北東西遍耀目」，超越了「從是西方十萬億國土」的概念。「西」是一個概念，阿彌陀佛在每一處。

常寂光

阿彌陀佛是光，是無量光，是無量壽，所以淨土亦稱爲「常寂光」。淨土的常寂光時常發出光芒，永不熄滅，時刻照亮，因此，阿彌陀佛亦稱爲無量光佛或無量壽佛。我們的眞心是我們的法身，寂靜卻不會被概念或語言所束縛。寂的意思是指寂靜而沒有任何言語和概念，只有光芒常照，因此名爲常寂光。

阿彌陀佛和淨土一樣，光芒遍照每一處，此光芒即是我們的法身。這是慧中上士對於阿彌陀佛和淨土的說明：「阿彌陀佛和淨土乃是法身的光芒，不被空間和時間所分隔。」

在以下兩個句子中，慧中上士希望用月和海的印象加以說明。他說：

秋月御中天高寬
寂夜重洋遠亮照

這邊有月，那邊有大海，無論走到哪裡，都可以見到反照下的月影。在這裡可以見到月影，走到一百公里遠向下望，仍然可以見到月影。月影在每一處，意思是說秋月的光不會被空間和時間所分隔，就像在我們之內的阿彌陀佛法身常存，他並不只在西方，而是在每一處。重洋即是大海，因爲海的靜止，我們得以在每一處都可看到秋月。這是詩人用來演繹我們內在的阿彌陀佛法身的印象，是具有上智的人對於阿彌陀佛和淨土的觀念。

精勤念佛

現在讓我們說說具中智的人的觀念，我們回到陳太宗皇帝的說明：

> 對於中智的人，需要借用念佛的方法，專心精勤，一念接著一念，不忘失，不間斷，自心純善。善念得顯，惡念即消，惡念已消，

只餘善念。用善念意識到概念的存在，用概念止息概念。概念已滅，修行者自然回歸正道。命終時達到涅槃樂。常、樂、我、淨，本來是佛道涅槃的元素。

對於上智的人，阿彌陀佛是我們的法身，淨土就在那法身之中。對於中智的人，修習者要修習精進念佛，佛號接著佛號，不忘失，不間斷。念佛首先是念自心，在當下一刻回歸自心，阿彌陀佛和淨土是念的對象。我們借用阿彌陀佛的印象，光的印象，沒有名利、瞋恨、愚癡和煩惱等污染的國土的印象，作爲念的對象。念永遠都是對某些東西的念。念即是憶念，念有主體和對象，念是要連續地憶念。

對於上根上智的人，他們不需要念，因爲阿彌陀佛原本就是我們的法身，淨土原本就是我們的法身。但對於中智的人，他們尚未看到阿彌陀佛是我們的心，因此必需修習念佛以回到當下一刻，而當下一刻的對象即是阿彌陀佛和淨土。中智的人時刻盡心維持正念，讓正念持續。依靠這樣連續地修習，有一天當他們修習純熟，將會達到無念，意思是不需要念，阿彌陀佛和淨土仍然會顯現。中智的人時刻維持善念，因此惡念不生。因爲當阿彌陀佛和淨土連續在我們的意識中顯現，那麼煩惱就沒有環境和機會生起。善念綿密，止息惡念，那是中智的人的修習。「用善念意識到概念的存在，用概念止息概念。概念已滅，修行者自然回歸正道。」那時候修行者由念回歸到無念，意思是不再需要念，而阿彌陀佛的光仍顯現在我們心中。

願生淨土

對於下智的人，口勤念佛，心希望見到佛像，並發願生於淨土。晝夜精勤修習，不會退轉。在命終後，隨著自己的善念而得生佛國。然後聽到由諸佛宣說的佛法，證得菩提果位，這是下智的人的淨土修習。

下智的人用身、口、意念佛，意思是口中念佛，心想著佛的形象。爲什麼呢？因爲下智的人尚未有大智慧能夠看到阿彌陀佛和淨土，其實是他們自己的法身。下智的人以爲阿彌陀佛和淨土在西方，因而需要使用名號「南無阿彌陀佛」或「南無西方極樂世界大慈大悲阿彌陀佛」。他們要用聲音念佛，依賴佛的形象作觀想，這是因為初學者需要用形象和聲音作為維持正念的條件。正念的對象是西方的阿彌陀佛和淨土。

如此，上智的人跟隨上智修習，中智的人跟隨中智修習，下智的人跟隨下智修習。無論跟隨哪一個程度修習，他們都能獲益，因此，《阿彌陀經》適合三種不同程度的人修習。我們不需要強迫別人用我們的方法修習淨土，這是非常微妙的事。我們沒有權力要求別人相信我們的修習方法是正確的，而他們的修習方法是錯誤的。要知道，每種修習方法只是讓人修習以進入淨土，或得到安全和幸福。每個人依照自己的根智進入淨土，而根智各有不同，有些人由這裡開始修習，有些人由那裡開始修習，因此，對於淨土的修習，我們應該持開放的態度。佛教有八萬四千法門，能夠在這些法門中找到一種方法，跟隨修習並帶來快樂，是我們的幸運。

淨土的教理可說是禪修的一種方式，淨即是禪，禪即是淨。在禪的角度，我們可以看到淨土存在於當下。我們的正念呼吸和步伐能為我們帶來安穩自在，淨土就在當下一刻顯現，因此我們不要認為禪淨有別。使用聲音念佛，使用形象去觀想佛，我們便能夠得到一點正念和定的能量，那時候，禪就在我們之中。禪淨只是名字上有別，在本質上並無差別。當我們開始讀《阿彌陀經》的經文時，需要有這種禪淨「相即」的概念。

引用三種修習層次到其他信仰

在基督教、猶太教、伊斯蘭教的教義和修行中，也有許多不同的思想派別。這些不同的派別，有不同形式的修行。我們學習淨土宗的三種修行層次，自然地也可以使用同樣的方式去了解其他信仰。

在宗教團體裡，有人相信只能在人死後才能到達天國。如果我們這一生誠心修習和行善，那麼未來在死後就能受益。這種信念與淨土法門下智的修習方法類似。亦有一些人摯誠祈禱及行善，培養善心，他們是走向在地球上實現樂土的方向，這是中智的修習。而修行團體中的其他成員，領悟到天國是一個活生生的事實，在此時此地就能體驗到。他們覺知自己每一刻都實在地安住在天國裡。這是上智的修習。

但是，即使我們覺得自己屬於上智的修習者，也不要過於相信自己。我們不要執著於修行道上上智或下智的觀念。佛的淨土是許多佛菩薩的住處，住在佛土裡的人修習供養宇宙中的一切佛，也念佛、念法、念僧。他們已經有很大的覺悟，但在日常生活中持續信仰的修行，以能維持歡喜快樂。供養、念佛、祈禱、禪修，這些信仰修習都能幫助我們培養謙卑，時刻保持覺知，安住於淨土和天國裡。

【第四章】苦樂相即

《阿彌陀經》以阿難尊者的一段話開始：

如是我聞。一時佛在舍衛國祇樹給孤獨園。與大比丘僧。千二百五十人俱。皆是大阿羅漢。眾所知識。長老舍利弗。摩訶目犍連。摩訶迦葉。摩訶迦旃延。摩訶俱絺羅。離婆多。周利槃陀伽。難陀。阿難陀。羅睺羅。憍梵波提。賓頭盧頗羅墮。迦留陀夷。摩訶劫賓那。薄拘羅。阿那樓馱。如是等諸大弟子。并諸菩薩摩訶薩。文殊師利法王子。阿逸多菩薩。乾陀訶提菩薩。常精進菩薩。與如是等諸大菩薩。及釋提桓因等。無量諸天大眾俱。

我們都聽過諸大比丘僧的名字。如果可以，大家應該嘗試認識每一位，在經典中有關於每一位的記載。現今有許多書籍談及佛陀的各大弟子，讀這些書，我們能對每一位的性格、行持和智慧有一點認識，如此的了解非常珍貴！

爾時佛告長老舍利弗。從是西方過十萬億佛土。有世界名曰極樂。其土有佛號阿彌陀。今現在說法。

這部經屬於「無問自說」的經典，意思是雖然沒有人提問，佛也自然說法。釋迦佛介紹阿彌陀佛和位於西方的極樂國土。位於西方，即是那時佛在給孤獨園，他指向他的西邊。但如果那時候我們坐在地球的另一邊，那麼淨土就是位於我們的東邊。僅僅這樣，我們就可以看出西和東這些概念並不重要。

現在讓我們來讀經文中關於極樂的定義：

舍利弗。彼土何故名爲極樂。其國衆生無有衆苦。但受諸樂故名極樂。

在那國土的眾生並不知道什麼是苦，他們只享受幸福，因此，那國土名爲極樂。

沒有痛苦的地方

在這句經文，我們看到世尊的慈悲心。在我們當中，人人都希望避開痛苦，找到一處沒有痛苦的地方。我們之中大部分的人都膽小軟弱，人人都害怕痛苦，無不希望避開痛苦，找一處沒有痛苦的地方，這便是人性。佛看到了，因此佛說：「無有眾苦。但受諸樂。」聽到佛這樣說，我們即時醒過來，豎起雙耳來聽。大家可以就這句經文組織佛法討論，分享彼此的感受和體驗。

詩人制瀾轅如此寫道：

給我一個冰冷的地球爲家

一顆在遠空盡處孤獨的星
讓我在那裡日日夜夜躲避
幾許失落痛苦擔憂和掛慮

詩人極爲失落、痛苦、擔憂和掛慮，因此他希望去到一顆星，不論多麼遙遠都沒關係，在那裡，他可以避開生活中的失落、痛苦、擔憂和掛慮。可憐的詩人啊！那時候如果觀照相即，便會知道不可能只有幸福，而沒有痛苦伴隨。同樣地，不可能只有垃圾，而沒有由垃圾變成的花；也不可能只有花，而沒有由花變成的垃圾。亦如右邊和左邊，如果沒有右邊，就不可能有左邊；沒有左邊，就不可能有右邊。苦和樂亦如是。他去找一處只有樂而沒有苦的地方，那不是空想嗎？在此，世尊希望獻給我們一個空想嗎？

如果吃飯時感到幸福，是因爲我們知道什麼是餓。試想像一個從不知道什麼是餓的人，無論他吃什麼，也都不會感到幸福。而一個從沒體會過什麼是寒冷的人，當然就無法知道穿著溫暖衣服的人所感受到的幸福。或者，一個從未嘗過地獄滋味的人，他不能看到天堂的價値。如果我們不知道什麼是苦，就不會知道什麼是樂，這是很清楚的。因此，沒有苦而只有樂的國度，完全是空想。

我們應深入這句經文，以解釋淨土中的樂並不是相對的樂，而是絕對的樂，超越尋常的苦與樂，但這只存在於哲學和理論的範疇裡。也可以這麼說：「人們爭論什麼是苦，什麼是樂」，所得到的結論是：「還是最好不要有苦，也不要有樂。」沒有苦，沒有樂，亦是指絕對的樂，如此的說法也只是理論而已。事實上，在我們當中有很多人非常害怕痛苦，希望能逃避痛苦，去找一處沒有痛苦的地方。我們知道這些人有如此的渴求，所以設法給他們一絲希望。我們說有一個地方，裡面沒有痛苦，有的只是幸福，那就是極樂國土。

我的弟子敬嚴有一個妹妹，她的名字叫映，十二歲。她來到梅村，作這樣的宣佈：「我想生活在一處每天早上有幸福、每天中午有幸福、每天晚上有幸福的地方。」根據她的想法，只有梅村是如此。但如果她留在梅村三、四個月，她就會知道，幸福是隨著我們的痛苦而來，如果我們懂得轉化痛苦，我們就會有幸福。這裡有苦，提醒我們覺察幸福也同樣在這裡。如果沒有苦，我們就不會知道有幸福的存在。根據這個想法，淨土應該要有痛苦來提醒我們：你現在非常幸福。事實上，學習處理痛苦，是幸福快樂的重要條件。很多人有天堂般的生活條件，卻不知道自己是在天堂，不懂得善用這些條件。如果我們學會如何照顧痛苦，明了我們的苦，並修習轉苦爲樂，我們就能知道自己正處身於天堂。

魔術城市

我們知道，佛見到有些人很軟弱，有些人在受苦，有些人想逃避痛苦，因此佛說有一個地方，那裡只有幸福，沒有痛苦。這是一個化城（魔術城市），一個由魔術師變出來的城市，讓人們在經過多日辛勞的旅程後，有一個地方可以休息。休息過後，大家有能力上路。

這是在《法華經》中的一個比喻。一群人在尋找珠寶的途中，經過一星期的跋山涉水，大家都累極了，當中有些人想退出。因此領導者，即嚮導的人說：「大家盡力走，附近有一個城市，如果大家再走四、五個小時，我們就會走到那個城市，到時我們就可以休息、吃東西和洗澡。」大家一聽，有了一絲希望，也更有能量，能夠再走幾個小時。然後，領導者用神通變出一個城市，名爲化城。化即是變現。一群人見到那個城市，立即找地方洗腳、洗臉、洗澡、吃東西和睡覺。次日早上醒來，城市消失了，因爲那城市只是一個化城。

一般而言，宗教有撫慰人心的功能，可以緩和及減少生活中的苦痛，承諾人們生活可以非常安樂，只有少許的痛苦。因此，宗教提供了一處名爲天堂的地方，給予我們希望。佛教也可以被形容爲宗教，但事實上佛教並非只是宗教，佛教亦是道德的基礎，作用是去回應人的眞正需要。

佛法提供了具體的修行方法，幫助人轉化痛苦，得到安樂。但有些人非常害怕，他們只想逃避痛苦，去找一處只有安樂的地方，因爲他們尚未有足夠的力量轉化痛苦。因此，佛教亦要設立許多善巧的方法，使他們看到一線的希望。因此我們說：「有」，有這樣的一個地方，那裡沒有苦，只有樂。

當我還是個年輕的法師時，對於理解這段經文感到非常困難。從我的學習中，我知道如果一個人看不到止息痛苦之道，沒有觸及苦痛和理解苦的本質，就無法找到幸福之道。沒有第一和第二聖諦，就不會找到第三和第四聖諦。如果不知道什麼是苦，不理解苦的本質，你就沒法培養智慧、慈悲和幸福。苦樂相即。我不希望到一處沒有苦的地方，因爲我知道在沒有苦的地方，我不會有方法學習和培養理解與愛。沒有理解與愛，我們不會幸福快樂，也無法使他人幸福快樂。我們從苦中學到很多。我們都不願意把朋友或是孩子，送到一處無法讓他們培養理解與愛的地方。理解與愛只能在有苦痛的地方成長。苦是一種肥料，是理解與愛之花朵盛放所必需的。

對我來說，我領悟到淨土或天國，並不是一處沒有苦的地方。淨土是充滿理解與愛的地方，在淨土裡人人都懂得轉化苦為理解、愛和幸福。沒有培養理解與愛的能力，就無法建設淨土。在基督信仰裡，好像只有一個天國。在佛教裡，因為有無數佛，因此有許多淨土，有許多佛土。哪裡有佛，哪裡就是佛土，因為佛是懂得建設淨土的覺者。你也可以加入，一起做建設淨土的工作。

現在，我已理解到化城之喻，完全理解了這一段經文，感受到佛世尊無限的慈悲了。

【第五章】淨土的環境

又舍利弗。極樂國土。七重欄楯。七重羅網。七重行樹。皆是四寶。周匝圍遶。是故名爲極樂。

這段經文提到在極樂國土莊嚴的環境。由我們的行動帶來的業報有兩種，依報是指我們的環境，正報是指我們本身，兩者互相配合。《阿彌陀經》中所說的正報，是阿彌陀佛本身，而依報是居住在極樂國土的所有人和那國土。在淨土裡，美麗莊嚴的依報和正報是由阿彌陀佛和那國土的人的本願所建立。同樣地，娑婆世界（充滿苦和變遷的世界）的依報和正報，也是由這世界眾生的共同業力所建立。在娑婆世界中，眾生的業力由五欲造成。五欲即是財、色、名、食、睡，是源於色、聲、香、味、觸、法而生起的欲望。人們常常跳進五欲之中，被感官和感官接觸的對象困住，因而失去平安、喜悅和安定。如果住在這世界的人不能放下感官的欲望，那麼淨土的元素就會消失，不再存在。

又舍利弗。極樂國土有七寶池。八功德水充滿其中。池底純以金沙布地。四邊階道。金銀琉璃玻璃合成。上有樓閣。亦以金銀琉璃玻璃硨磲赤珠瑪瑙而嚴飾之。池中蓮花大如車輪。青色青光。黃色黃光。赤色赤光。白色白光微妙香潔。舍利弗。極樂國土成就如是功德莊嚴。

這段經文提到八功德水，八功德是：一、澄淨，二、清冷，三、甘美，四、輕軟，五、潤澤，六、安和，七、除飢渴，八、長養諸根。飲用八功德水，必能長養人的正面特質。水是生命之源，但如果缺乏覺察，我們未必懂得珍惜。在形容水的功德時，我們也可以加入自己的覺察，水是何等的珍貴，水能夠維持生命、令彩虹顯現、洗去汗水和污垢、令綠芽生長等。經中描述的世界，於我們所居住的世界並無不同。

天籟之音

又舍利弗。彼佛國土常作天樂。黃金爲地。晝夜六時雨天曼陀羅華。其國土眾生常以清旦。各以衣祴盛眾妙華。供養他方十萬億佛。即以食時還到本國。飯食經行。舍利弗。極樂國土成就如是功德莊嚴。

我們不知道自天空傳下來的樂聲是什麼音樂，但我們知道每天早上在梅村的上村、下村或新村，如果我們起床時心靈清淨，就能感受到天地的芬芳。雖然非常寧靜，但也像是聽到天籟，清新輕盈。芬芳和音樂皆來自我們的心，我們不需要到市場買花，在這裡已經有花。如果我們懂得細看和享受，就可以看到無論是枝還是葉，都和花一樣美，因此懂得花藝的人不一定要到市場買花。在極樂國土，花朵自天上落下，人們會拾起花朵供佛；在我們的世界，花朵從大地長出，同樣地，我們也可以摘花供佛。周圍有許多美麗的花朵和枝葉，但如果我們被困在憂慮、計劃、意念中，未能幸福地安住於當下，我們就不能眞正的看到這些花葉。我們沒有爲周圍生命中的奇蹟而存在。而當我們以正念生活，能夠覺察大地的美，珍惜周圍的一切，便已經是在供養諸佛。我們以心中的平安、日常的修習、爲建立淨土作出的貢獻來供養諸佛。

淨與非淨

在這段經文，我們聽到花、樂、供奉諸佛、吃午飯和行禪，我們會問：「是誰在煮飯呢？吃完飯後八小時肯定需要到洗手間，淨土裡有沒有洗手間呢？」這些是很實在的問題。以前在香港的寶蓮寺掛著這四句詩：

有土即非淨
言詮何所謂
佛說原無我

有土即非淨，吃飯後自然要大便，喝水後自然要小便。在淨土裡也有糞便和垃圾，以我們一貫的想像，那豈不是不淨？就在我們說有土地的那一刻，已經是不淨了。有土地自然有人，有人自然有消費，有消費自然有糞便和垃圾，怎可能有土而沒有不淨？只要開口說「淨」這個字，就被這個字或觀念綁住了。

佛說我們本無我，那麼稱爲禪師的人是誰？爲什麼說無我，卻又有一個稱爲禪師的人呢？那禪師是一個獨立存在的我嗎？說話時，就被綁住在二元思想了。講到修「淨」也一樣，講到修「禪」也一樣，我們被文字語言所困住。講到「土」字那一刻，我們就再不能說「淨」字了；講到無我時，就再不能說「禪師」，有禪師就是有我。禪師，對於還未有覺悟的人而言，是一個獨立存在的個體。因此，讀經文時我們應該觀照，不要被困在文字當中。經文就像法雨，給我們帶來舒緩，並滲透到我們堅硬的心地，使之柔軟，讓我們對實相有更深入的理解。

在淨土裡，我們也需要吃飯、喝水、大便、小便、煮飯和洗碗。吃飯需要用碗碟，用碗碟就必需洗碗碟。洗碗碟要用洗潔精嗎？在淨土煮飯會用油嗎？淨或不淨是隨我們的想法。

起初我們說淨的意思是無染，染是指忙碌、錢財、權力、妒忌、擔憂和恐懼，糞便和垃圾也是染。但如果我們懂得方法，就能轉化垃圾爲花果蔬菜以供日常食用。

因此在這裡，淨的意思是沒有被煩惱和名利污染，而不是說沒有廁所、浴室、不需要煮飯和洗碗。

在任何修習團體，我們都要問，這裡是否是淨土？如果生活的環境有安寧、了解和愛，有轉化痛苦、擔憂和執著的能力，我們更知道這個環境就是淨土；倘若我們找不到安寧、愛、幸福與和諧，我們就知道那不是淨土，而是穢土。我們能夠爲建設淨土作出貢獻，也能夠破壞那淨土。在我們的社會中，大家都非常需要有淨土，因此，讀《阿彌陀經》是一個機會，讓我們觀照建設淨土的重要，以及發掘我們建設淨土的能力。我們每個人都是未來的阿彌陀佛，人人都要珍惜爲自己和親愛的人建設淨土的心願。

【第六章】演唱法音

復次舍利弗。彼國常有種種奇妙雜色之鳥。白鶴孔雀鸚鵡舍利迦陵頻伽共命之鳥。是諸眾鳥。晝夜六時出和雅音。其音演暢五根五力七菩提分八聖道分如是等法。其土眾生聞是音已。皆悉念佛念法念僧。

佛有三身，即法身、報身和化身，化身亦即應身。法身是不生不滅的本體；報身是修學者，有福德的人具有莊嚴的身相；化身或者應身是人的平常身。當釋迦佛坐在靈山上說法，那是佛的應身或化身在說法。應身有時睡覺、有時醒來、有時吃飯，但佛的法身無時無刻都在說法。因此，如果我們有正念，任何時間都可以在風聲、鳥聲中聽到佛的說法。竹樹搖曳和鮮花盛放，也都是佛陀以其法身說法。佛的化身以人的聲音說法，佛的法身以鳥聲、花聲、風聲和一切聲音說法。

從這段經文中，我們知道不單只有阿彌陀佛在說法，白鶴、孔雀、鸚鵡、舍利、迦陵、頻伽和共命之鳥也在說法，唱出和諧清雅的聲音，鳥兒每天六個時段輪流演唱。以往人把一天分爲六個時段以方便修習，晝是指白天，夜是指黑夜。修習陳太宗皇帝的禮懺法時，也是每天懺悔六次，稱爲六時懺悔科儀。將一天分爲六個時段，是傳統的修習方法。

在極樂國土的鳥兒知道人們每天分爲六個時段修習，因此牠們在每個時段開始時演唱。在牠們的演唱中，我們能聽到法音。可能鳥兒在歌唱時，阿彌陀佛會停下來不說法；而當阿彌陀佛說法時，鳥兒便會停止演唱。阿彌陀佛和鳥兒、行樹和微風所發出的聲音，皆是說法聲。

我們周圍也有各類鳥兒，如果能正念生活，心中有定的能量，我們也能在風聲和鳥兒的歌聲中聽到法音。這法音就和阿彌陀佛說法，或者在極樂國土的鳥兒說法一樣。如果有念和定，那麼在日常生活中無論我們看什麼、聽什麼，也都是佛法開示。一片落葉、一朵花開、一隻鳥兒飛過或者鳥兒的歌聲，都是一場佛法開示。在說法的人是毘盧遮那，那是佛陀的法身。如果我們有念和定，就能夠在鳥語聲和花開中聽法。我們聽到的是原始佛法，即四念處、四如意足、四正勤，以及念佛、念法和念僧的修習方法。這部大乘經典說的是原始教理。

法音流傳

在極樂國土中，人們以什麼方法修習？他們修習的是三十七助道品、念佛、念法和念僧。如果禪修者修習得好，就不用等到佛法開示才能聽法。他們知道在賞花，聽到松樹或鳥兒的聲音，或者是觀賞竹樹搖曳時，也能聽法。佛的法身從未停止說法。在我寫的詩《四月長歌》中有這一句，「花兒從未停止歌唱」，這句詩也是在說佛的法身從未停止說法。

在這段經文中，佛陀再次說明持念這個修習方法。佛陀在世時已經有這個修習方法，念佛、念法、念僧、念施和念天。根據《阿彌陀經》的教導，常住在極樂世界的人，都會修習念佛、念法和念僧，接觸三寶。接觸三寶的能量，讓我們能夠安寧、安穩和自在地生活。試想像居住在淨土的人都不修習念佛、念法和念僧，那麼淨土就再也稱不上是淨土了。爲什麼？因爲那裡沒有安寧、自在和安穩。

因爲希望法音得以在他的國土廣泛流傳，阿彌陀佛製造了各類微妙的鳥兒。同樣地，如果想要讓佛的教導和修習方法能夠滲透僧團，我們也得有如此的創造。每個舉止、每句話和每個概念，都成爲說法的方法。我們應該參與法身的事業，因爲法身即是佛法的身，常常在表現法。由應身或者化身所說的佛法開示，可能有個半小時或兩個小時，但肯定應身需要停下來休息和吃飯。法身則不一樣，法身以鳥兒、雲彩、微風，步伐和呼吸持續不停地說法。所以我們也應參與法身的事業，以我們的日常生活說法。我們以雙手和雙腳說法，說話或吃飯時以我們的口說法，看事物時以我們雙眼說法。在淨土生活的人，他們都有責任參與法身的事業，用他們的生活來說法。

昔日甘地曾說：「我的生命是我的訊息。」他的訊息並不寫於紙上，而是寫於生活中。佛法開示也一樣，不單是用語言或字句表達，而是用我們的步伐、呼吸、動作和眼神來說法。參與僧團的事業是我們每天都可以做的事。看到我們步行、站立和日常與人的相處，人們自然會生起尊敬心，發心修習，如此，我們已經是阿彌陀佛的一部分。

我們稱那國土爲極樂世界，是因爲在那裡的人都修習正念，如常地聽佛學開示。如果我們專心的話，那麼當鳥兒歌唱時，我們便能聽到佛法開示，而那開示中有三十七助道品，即四念處、四如意足、四正勤等等。在極樂國也同樣可以學到我們在娑婆世界所學的三十七助道品。釋迦佛教導我們，阿彌陀佛是一位老師，他現今正在說法。

花兒的微笑

越法戰爭時，越南有一位年輕詩人，名叫郭瑞，他曾經和宙宇一起住在覺願寺。郭瑞年輕時即離世，留下了一首很美的詩，名爲《芍藥花》：

站立於籬笆外
您美妙地微笑
靜看您我愕然

您剛才的演唱
歌聲長久永恆
我願鞠躬禮敬

芍藥花站立於籬笆外，正在美妙地微笑。相信很多禪師都無法寫出如這位年輕詩人的詩。在那一刻，詩人接觸到芍藥花的美妙，看到芍藥花就是佛陀法身的微妙顯現。他看到芍藥花從來沒有停止演唱，也從未停止說法。站在如此美景前，接觸到佛陀的法身，我們向芍藥花鞠躬禮敬，因爲那花兒即是佛的法身。

一九九六年我到澳洲演講時，寄宿在一所天主教堂。我躺在教堂外的草坪上，一位修女爲我送來一杯茶，然後她回去敲鐘。我靜靜地坐在草坪上喝茶，寫下《風聲》這首詩。

今天早上
在這裡
熱騰騰的一杯茶
嫩綠的草坪
忽然現出您昔日的形影
您的雙手

微風的聲音
好像在召喚
綠油油的嫩芽

花蕾
卵石
葉尖
都在演說《法華經》

坐在那裡，安住於當下一刻，我看到綠油油的嫩芽正向我揮手問好，那是法身的表現。當我看到如此美境，我知道無論是花蕾、卵石或葉的尖端，都在說法，說的是大乘教法，說的是《法華經》。

這首詩正如郭瑞的詩，都說明了佛的法身正在說法。如果我們全神貫注，生活中有念和定，便能接觸到佛的法身，連續不斷地聽法。我們並不需要把光碟放進光碟機，然後按開始鍵才能聽到說法，而是任何時候我們都可以聽到說法。讀到這段經文，我們可以看到，在極樂國土中，不單只是阿彌陀佛在說法，小鳥和花葉也全都在說法。而且，我們可以看到阿彌陀佛和這裡的小鳥也都是法身的顯現。讓我們再讀一次：

復次舍利弗。彼國常有種種奇妙雜色之鳥。白鶴孔雀鸚鵡舍利迦陵頻伽共命之鳥。是諸眾鳥。晝夜六時出和雅音。其音演暢五根五力七菩提分八聖道分如是等法。其土眾生聞是音已。皆悉念佛念法念僧。

要知道，此時此地，我們也能夠享受到極樂國土的愉悅安寧。在這裡，我們也有松樹的細語、盛開的鮮花，阿彌陀佛也在這裡。在《阿彌陀經》中提到一切吸引人的特質，我們這裡也有很多。完全不用到別的地方，不用等到離世後才走進極樂世界。

過去行爲的結果

舍利弗。汝勿謂此鳥實是罪報所生。所以者何。彼佛國十無三惡道。舍利弗。其佛國土尚無惡道之名。何況有實。是諸眾鳥。皆是阿彌陀佛。欲令法音宣流變化所作。

在極樂國土，人們無需用光碟機播放佛法開示，他們聽到的是鳥兒的歌聲。在這裡，我們在房間裡開啓光碟機才能夠聽到佛法開示；但如果我們到戶外行禪，靜聽鳥兒的歌聲、流水聲和松樹的細語，或者觀賞盛開的鮮花，我們也能聽到說法。任何樹葉、卵石或者花蕾，無不在說法。

翠竹黃花非外境
白雲明月現法身

在歷史層面，鳥兒、花朵、竹子和雲朵都有生有滅；但在法身的層面，這些都是法身的微妙顯現。在大乘佛法中，宇宙種種微妙的藍天、白雲、紫竹和黃花，都是法身的顯現。我們要時時刻刻有這樣的覺察。

就業的角度而言，一切都是由業報而顯現；但從法身的角度，一切都是法身的顯現。在極樂國土的鳥兒也是如此，如果以業報的角度來看，牠們都是過去行為的結果；而從法身的角度，牠們都是法身的微妙顯現，不生不滅。

我們可能會問自己，為什麼我們會生在這個痛苦的地方？鳥兒、蒼蠅、蚊子、鹿和魚，是否因為業報而投生為這些物種呢？這是一個基於業報的問題。正如在某個環境中，如果我們感到牽累、悲傷、懷疑和憤怒，就可能會說這是業的果；如果我們心境輕盈、安樂，那麼這裡的一切都會成為法身的微妙顯現，一切皆由我們的想法而成。

在極樂國土的鳥兒，並非完全和我們每天看到和聽到的鳥兒不一樣。如果我們的心明亮、輕盈，沒有妒忌、恐懼或歧視，自然會察覺到這裡的鳥兒就是極樂國土中的白鶴、孔雀、鸚鵡、舍利、迦陵、頻伽和共命之鳥。如果我們的心充滿黑暗、焦慮、恐懼和歧視，那麼牠們就變成由業報、無明和苦而生的鳥兒。事實上，我們想接觸哪一種鳥兒，是由阿彌陀佛顯現而成的鳥兒，還是業報帶來的鳥兒，都是隨我們的心顯現。我們在鳥兒的歌聲中聽到說法，因此我們完全不用到別的地方，只需要以念和定安住於此刻，就能聽到美妙的鐘聲和鳥兒的歌聲都是在說法。

電話鈴聲

電話鈴聲或時鐘報時聲，可能令我們感到煩悶和擔憂，那是由過去的行爲和煩惱而來的電話聲與報時聲。但我們把電話鈴聲當作正念鐘聲來修習。當電話響起時，我們攝心回到呼吸上，身心安樂並微笑，如此，電話鈴聲就是阿彌陀佛的創造。電話聲能令我們忐忑、擔憂和愁悶，也能令我們生起正念、得到解脫和自由，一切都取決於我們的修習。

教堂鐘聲或寺廟鐘聲也一樣，當我們聽到鐘聲，可能仍然感到憂愁、痛苦或憤怒。但如果我們懂得以正念聆聽鐘聲，就可以立即體驗到清新和輕盈。

靜聽，靜聽
美妙的鐘聲把我帶回眞正的家園

聽到鐘聲時，所有的煩惱一掃而空，因爲我們懂得回到呼吸，將安穩和自在帶回心中。那麼，鐘聲或電話鈴聲都成爲阿彌陀佛、佛陀和僧團的創造。我們可以使用這些聲音，解除生活中的苦痛。在極樂國土有鳥兒的歌聲，在我們這裡也有。學習《阿彌陀經》，我們就可以看得到。

正念聆聽電話鈴聲、寺院或教堂的鐘聲，這些修習都幫助我們建立此刻心中的淨土，以及周圍的人心中的淨土。

【第七章】幸福在當下

淨土中無三惡道

爲什麼釋迦佛說在淨土中無三惡道？三惡道，即是地獄、餓鬼和畜牲，是我們過去造作不善的身、語、意行爲，所帶來的苦果。但不要以爲三惡道是在另一個世界裡，或是在未來生。正如我們在地球上，這一刻就可以修習創建淨土；我們的生活方式，也能使我們即時就在這地球上創造地獄。如果在我們居住的地方，人人都充滿憤怒，那地方就像是個地獄。如果我們看到自己的住處，沒有任何一個人能扎根，沒有任何人能得到美善的滋養，那地方就像是餓鬼的世界。又如果在我們的周圍，每一個人都被貪婪支配，那地方則可算是畜牲的世界。然而，僅是一個美善的念頭，慈悲的注視，我們就已能將一個地獄般的環境轉變爲阿彌陀佛的世界。我們住在淨土還是地獄，是由我們的正念呼吸、安祥微笑、帶著理解和愛的傾聽這些修習而定的。

在淨土裡一邊有阿彌陀佛在說法，另一邊有鳥兒提醒並幫助我們向上，又怎麼會有三惡道呢？只有當我們在淨土感到苦悶時，才會想離開。那是由於我們自己的心不安，不安就不能安住。我們帶著一點點煩惱、憤怒或妒忌生於淨土，希望得到特別的對待。生於淨土後，我們見到阿彌陀佛並不如想像中友善。他的面容經常是冷冷的，沒有什麼表情，沒有注意到我們。在說法、和大眾一起吃飯和行禪以外的時間，他只和大菩薩商討。其他的大菩薩也是如此，他們對我們的關注是那麼少，因爲他們整天都忙於指導剛生於那國土的人。

每天生於淨土的人數眾多，所有的菩薩要照顧他們，因而沒有時間注意到我們。我們得不到特別的對待，於是感到煩悶、厭惡和妒忌，想要離開。我們走到阿彌陀佛那裡跟他說，然後阿彌陀佛會說：「眞可憐啊！你不想留在這裡，想要回去那邊。在這裡，你有僧團、有佛陀、有鳥兒、有蓮花池，有足夠的條件令你不會退步。但如果你的塵心已生，想要返回娑婆世界，那麼你將會失去淨土和這個僧團。」

僧團是一個能夠給予我們安全的環境。僧團以安穩的雙臂，幫助我們走在念、定和慧的道上，因此，我們必需決心與僧團一起留在這裡，發願一心皈依僧團，因爲僧團是最寶貴的淨土。

當我們有了自己所屬的修行團體，我們知道自己的僧團並不是完美的。團體中每個人都有缺點和不足之處。然而在共修時，我們有機會一起成長和學習。不是一起同住的話，就不會有這樣的機會了。當然，我們可以去找另一個修行團體。但無論去到哪裡，我們都可能遇到同樣的問題，同樣的挑戰。如果此刻我們充滿憤怒、焦慮、恐懼，又不去修習以轉化這些情緒，那麼無論去到哪裡，我們仍然帶著這些憤怒、焦慮和恐懼。現在有了所屬的修行團體，幫助我們，支持我們，卻想要放棄這個團體，去找一處更美好的地方，更完美的淨土。儘管知道淨土就在我們心中，卻還是要向外邊尋找。如果我們能安定、穩固、自在地住於淨土裡，那就不會再渴望要到別的地方。這就是「幸福地安住在當下」的意思。安住在佛的淨土裡，繼續接受我們成長所需的支持和滋養，慢慢地我們會發現僧團對我們的轉化和療癒有很大的幫助。

萬物皆法器

舍利弗。彼佛國土。微風吹動。諸寶行樹及寶羅網出微妙音。譬如百千種樂同時俱作。聞是音者自然皆生念佛念法念僧之心。

這個現象到處可見，每次微風吹過一排排的松樹或楓樹，發出的聲音美妙無窮。經中沒有提到雨聲，但雨聲也是非常輕柔和愉悅的。有時雨下得很大很響，有時雨聲像天樂，猶如在說法。以念和定細心觀察這個娑婆世界，你會看到這個世界其實很美。我們以爲只有淨土最美，卻不曉得原來娑婆世界也一樣美。在淨土可以看到的一切，在這裡也能看到。我們都曾經聽過祖師們這樣說：「淨土在我們心中。」當我們心情輕鬆舒暢、自由安樂時，自然看到什麼也都是淨土。

我們以為金銀首飾店才有珠寶，但其實在青草上閃爍的露珠也一樣美，甚至比金銀珠寶更美。最好的是沒有任何人會想偷走或者占有它們，因爲露珠到處皆是，每一處的露珠都一樣美。在極樂國土中有各種珠寶所造的樹，但珠寶樹怎比得上眞樹那麼美。在佛桌上，我們經常供奉用木、金、銀或玉造的蓮花，這些蓮花又怎比得上眞的蓮花那麼美呢？在彌陀淨土中所描述一切美妙的事物，在我們居住的這裡都有，我們只需有清澈安樂的心，自然就能夠看到這一切。

在淨土裡，微風吹過行樹和寶網，發出微妙的聲音，既有音樂，也有說法聲。聽到如此美妙的音聲，人們都攝心念佛、念法和念僧。在這裡，我們也同樣有寺廟的鐘聲、禪堂裡的大磬聲、集眾鐘聲、時鐘的報時聲和電話鈴聲，我們也有僧眾的唱誦聲，以及禪修者正念地進出禪堂的影像，所有這些都提醒我們回歸念佛、念法和念僧。我們也有雨聲、風聲和鳥聲，事實上，我們完全不用到別的地方，在這裡，我們已經擁有《阿彌陀經》中所描述的一切。

把修行團體變成淨土

我們在日常生活中修習正念。在廚房烹煮，是修習正念的機會。當輪到我們煮飯給大眾，我們進入廚房，燃香和上香，之後才開始煮食。在廚房的工作全程約一個半到兩個小時，我們修習觀呼吸，知道我們在正念中切菜、洗鍋子或烹調食物，我們因而能夠安住於極樂國土中。如果我們不懂得修習，一邊工作一邊生氣，一邊工作一邊厭悶，一邊工作一邊妒忌別人，一邊工作一邊說別人的壞話，那麼即使在同一環境中，那裡卻變成娑婆之地。如果我們有念、定和慧，我們有修習，那麼廚房就是淨土，而不是娑婆。一切皆由我們的心。

無論我們見到或接觸到什麼，都可以成為法器。掃把和鍋子可以是法器，任何東西都可以成為我們修學的有利條件。無論是什麼，阿彌陀佛都可以用來令我們在修學的道上向前，那是阿彌陀佛的才能。僧團亦有同樣的功能，由煮食、清潔、園藝到打理菜園，全部都可以成為修學的方法，我們在修習和轉化之道上要會善用這些機會。

在淨土中，人們也一樣煮飯、吃飯、喝茶、摘花供佛、聽經和行禪。在做這些事情時，人人都安樂自在。在我們居住的世界也一樣，無需去到另一邊才做這些事情。現在我們就能夠做淨土裡的人所做的事，摘花、供佛、誦經、聽經、洗碗、吃飯、行禪等等。淨土爲我們而存在，問題只在於我們是否能爲淨土而存在。

在僧團的環境裡，每次當我們洗鍋子、煮茶、洗澡或者打理花園，我們的每個行動和步伐都成爲教法，所走的每一步都在說法。拿起茶杯喝茶也是在說法，因爲在拿起茶杯喝茶時，我們安穩、自在、從容，如此喝茶就是在說法。如果我們吃飯時感到幸福和安樂，那麼吃飯也就成爲一場佛法開示。當別人看到我們時，會看到在淨土裡居住的菩薩。這些是我們不用等到明天才能做的事，今天我們就要這樣做。能有一天如此生活，就是在淨土裡生活了一天。

正念發出無量光芒

舍利弗。於汝意云何。彼佛何故號阿彌陀。舍利弗。彼佛光明無量。照十方國無所障礙。是故號爲阿彌陀。

爲什麼在淨土的佛名爲阿彌陀？釋迦佛回答，這位佛的光無量，所以名爲阿彌陀。

無量光

阿彌陀佛光無量，因此慧中上士說：

彌陀本實我法身
南北東西遍耀目

點燃蠟燭或油燈時會有光，但那光並非無量，爲什麼？因爲蠟會盡，油會盡，所以光也會盡。但阿彌陀佛卻是無盡的光源。菩薩、覺者和佛身時常發出光芒，那是正念的光芒。佛的光能照耀非常遠的地方。爲什麼會發出光芒呢？是因爲想指引並幫助大家不要走進和掉入苦痛的深淵之中。

我們不要以爲只有佛菩薩可以發出如此的光芒，我們當中每個人都能發出這光芒，這是正念之光。在行、住、坐、臥或說法時，正念的光可以照耀到遠處。當其他人來探訪時，見到我們行、住、坐、臥於正念中，也就見到我們身體發出的光芒。當這光芒接觸到其他人，他們會感動，希望能在行、住和工作時能有如此的自在。在這裡的僧眾或同修，每個人都能由身體和心靈發出光芒。我們每個人都能夠發出正念的光芒，只要修習正念就可以了。

正念帶來正定，正定帶來智慧和了解，就如瑰玉和琉璃可以發出光芒。我們不要感到自卑，我們也能夠如阿彌陀佛般散發光芒，雖然我們的光芒未能照耀遠處，但我們已經在發出光芒了。如果每天修習，我們的光芒便會照耀得越來越遠。現今有許多人實踐梅村的修習，數百萬人閱讀梅村的書、聽佛法開示的錄音和接觸梅村的佛法老師，所以我們的光芒能照耀遠處，我們在參與阿彌陀佛的事業，即是在散發光芒。散發光芒有不同的形式，是我們在今天就能夠做到的事。當我們踏出正念的一步時，光芒立即亮起，我們應該明白光芒就是如此。阿彌陀佛的光明無量，這是阿彌陀佛的第一個定義，即無量光。

葉子壽命無量壽

現在我們來說阿彌陀的第二個定義：

又舍利弗。彼佛壽命。及其人民無量無邊阿僧祇劫。故名阿彌陀。

阿僧祇的意思是無量無數。在歷史層面我們有生有滅，我們被壽命這個概念所困，以爲我們自某一年開始存在，在某一年不再存在。但根據佛教的教理，我們的本質是不生不滅。在究竟層面，我們的壽命如世尊和阿彌陀佛一樣無量。細心觀察，我們就能看到宇宙中所有現象皆是如此。一朵花、一片葉，其壽命也是無量。如果只看表面，我們會見到樹葉有生有滅；深觀，我們便能看到生滅只在於表面。樹葉的本質是不生不滅，我們的本質也一樣。阿彌陀佛的光芒無量，他的壽命也一樣無量。油燈的光有時會熄滅，但阿彌陀佛的光永不熄滅。爲什麼？因爲阿彌陀佛的壽命無量。我們也一樣，我們和阿彌陀佛的壽命都是無量，因爲我們也有不生不滅的本質。深深念佛，深深觀照阿彌陀佛，我們接觸到究竟層面，看到我們不生不滅的本質，這是修習的最高成果，我們能看到自己無量壽的本質。

阿彌陀是無量光和無量壽。並非只有阿彌陀佛才有不生不滅的本質，我們也都有不生不滅的本質。因此，我們能夠世世代代參與阿彌陀佛發出光芒的工作，將這光芒連續不斷地亮起。

阿彌陀佛的弟子

舍利弗。阿彌陀佛成佛已來於今十劫。又舍利弗。彼佛有無量無邊聲聞弟子。皆阿羅漢。非是算數之所能知。諸菩薩眾亦復如是。舍利弗。彼佛國土成就如是功德莊嚴。

在歷史層面，自阿彌陀佛設立淨土以來只有十世，而阿彌陀佛現在以化身顯現。雖然我們看到阿彌陀佛的應身或化身，自設立淨土以來只有十世，但他有無數的聲聞和阿羅漢弟子，數量不能計算。他的菩薩弟子也是如此眾多，阿彌陀佛有聲聞弟子，也有菩薩弟子。在淨土有人依原始佛教修習，也有人依後期發展的大乘佛教修習。無論是哪一邊，就連數學家也不能完全點算共數目。

「舍利弗。彼佛國土成就如是功德莊嚴。」如是功德莊嚴，我們在剛讀過的經文曾經聽過，關於行樹、蓮花池裡有八功德水、空中的音樂、人們有時間摘花供佛、煮飯、吃飯、行禪、聽鳥兒歌唱、聽松樹的歌聲、聽佛法開示、和在淨土的人數眾多等等，所有這些都是極樂國土的功德莊嚴。

住在極樂國土的人，他們的特質，對這國土的質素有決定性的影響。極樂國土裡顯現出許多莊嚴美麗的質素，是因爲人們在那裡的修行。如果沒有眾弟子和賢聖者的精勤修行，淨土將失去生命力和應有的面貌。對於我們的生活，我們所居住的地方也是如此。或許我們無法與聲聞弟子或菩薩弟子相比，但細心觀察，我們看到自己小小的修習，已經是在使淨土莊嚴美麗的質素顯現。我們用心學習佛法，愛護我們所愛的人以及其他許多人，沒有分別心。我們聽聞不生不滅的教法，然後把學到的應用在日常生活中。通過修習無量心，無量的慈愛，慢慢地打開心扉接納一切眾生，那就是表現了阿彌陀佛弟子的特質。我們不要聽到無數弟子已經證得阿羅漢果，而我們還未有圓滿證悟而感到氣餒。我們信心堅定，實在地安住在修習之流中，那我們怎麼會以爲自己不在無數眞誠修行的賢聖者之列，不是在宇宙每一個細小的角落建立淨土呢？

【第八章】創造淨土

又舍利弗。極樂國土眾生生者皆是阿鞞跋致。其中多有一生補處。其數甚多。非是算數所能知之。但可以無量無邊阿僧祇劫說。

極樂國土裡的保護網

在這段經文中，佛陀接連用了幾個極樂國土的正面印象，然後佛陀接著說：「又……又……」，「又舍利弗。極樂國土眾生生者皆是阿鞞跋致。」阿鞞跋致的意思是不退轉，不會下墮，也不會後退。一旦生於那國土，人們只會向前，不會後退，不會下墮，不會再回到充滿苦、沉淪或牽累的地方。爲什麼？因爲好像有一張網展開來，就算有人想墮下也不能。是什麼網令我們不會下墮呢？

對修習者而言，正念的修習是我們最基本的保護。有了正念的保護，我們不會沉溺於苦痛，例如憤怒、仇恨、貪欲和恐懼之中。僧團保護我們，讓我們不會被習氣推著走。在僧團中，同修的正念能量保護我們。當一個人感到軟弱無力時，其他同修可以扶持他，令他能夠深入觀察，轉化痛苦爲安樂。因此，正念的修習和皈依僧團都是我們的保護網。

生於淨土的人都修習到不退轉，當中有不少菩薩已經是一生補處。一生補處的菩薩再投生一次，然後成佛，他們希望生於哪一個國度成佛都可以。釋迦牟尼佛以往也是一生補處菩薩，最後一次生於娑婆世界並在這裡成佛。一生補處的菩薩無數，不能以數目來計算，只能用無量無邊阿僧祇劫來形容。「阿」字即是無，「僧祇」即是數。

退轉即是後退。當我們和僧團一起，二十四小時和同修一起修習，即使在困難的日子，我們也知道自己正在修習之道上前進。和僧團一起，我們已經是在向前。當我們感到苦痛時，我們仍繼續修習，而不會視苦痛爲後退；只有當我們停止修習時，才會在修習之道上後退。當感到痛苦時，如果我們繼續修習，就能從苦痛中學習，我們會更加強壯和安穩；但如果我們執著於苦痛，失去念、定、慧，那就是在修習之道上後退。如果幸運地有僧團的支持，我們自然不會下墮，能夠繼續向前。

上善人俱會一處

舍利弗。眾生聞者。應當發願願生彼國。

這是佛陀給我們的訊息、建議和勸導。佛陀勸說：「如果你們聽到極樂國土，就應當發願生於那國土。」佛陀說了一個非常正當的理由：

所以者何。得與如是諸上善人俱會一處。舍利弗。不可以少善根福德因緣得生彼國。

經中有很多好的字句，但這一句是最好的。我們並不是因爲金、銀、池塘、湖泊、微風、鳥兒、行樹和其他美麗的事物生於極樂國土，而是因爲一個重要的理由。極樂國土有一個非常漂亮的景象，那國土是一個讓許多善良的人和許多德行高的人聚集的地方，這是我們想生於淨土最重要的原因。生於那國土，我們可以和善良的人一起生活。雖然佛陀沒有說明清楚，但我們知道阿彌陀佛是一個非常好的僧團建立者。如果阿彌陀佛不善良，又怎會有人想到他的國土和他共處。阿彌陀佛非常善良，因此差不多所有善良的人都希望能在那國土共聚。成功的鑰匙是上善人共聚，俱會一處。

善良的人是指心胸寬闊的人，他們的心識中有美善的種子，想的都是善的，說的都是善的，所做的也是善的，他們的人品高尚，因此稱爲上善人。在這國土，人的思想是美善的，爲什麼？因爲周圍的環境能夠灌溉和觸動人們心中美善的種子。例如，聽到鳥兒的歌聲，提醒了我們五根、五力、七菩提分等等的教導；聽到微風吹過松樹梢時，我們也聽到說法聲；身處在行、住、坐、臥都有正念的人之中，我們也會於正念中行、住、坐、臥，思想時時向善。

早上想的是善的，中午想的是善的，晚上想的也是善的，我們感到喜悅，我們的心意時常相應美善的事物。我們周圍的環境很順利，周圍都是善良的人。在我們周圍，所聽到和看到的，都有灌溉我們心中美善種子的作用，稱爲善意。口善，即是我們所說的一切都是善的，我們不會侮辱、誹謗、捏造和說壞話。因爲所有人都在學習正法，沒有任何人有機會去想和說不善的。我們每句話都有平靜心思的作用，也能令身邊的人幸福。在淨土之中沒有惡語，只有善語。在僧團之中也一樣，人人都修習菩薩的品德。因此，在淨土之中沒有互相殘殺，也沒有竊盜。在淨土之中沒有殺、盜和淫，因此在那裡非常快樂。淨土的人修習得很好，他們不吃肉、不飲酒，也不使用麻醉品，因此他們不會犯淫欲戒，不會犯殺生戒，也不會犯偷盜戒。在那裡的人有崇高的理想，他們有美麗的夢想，他們想要建立淨土。和阿彌陀佛一起居住於淨土以後，他們都希望能以阿彌陀佛國土的模式建設淨土。他們都是一生補處的菩薩，希望到越南建設淨土，希望到菲律賓建設淨土，希望到美國建設淨土。

我們每個人都希望能和阿彌陀佛一樣。當我們建立一所禪修中心、一片淨土作爲故鄉，我們希望世上所有善良的人都能共聚於此，和我們共處。而且，如果我們獨裁、難以相處、不懂得使用愛語，善良的人就不會到來。所以我們知道，阿彌陀佛非常善良，聽到阿彌陀佛和他的國土，人人都希望到那國土一起生活，親近世界上最善良的人。

灌溉淨土的種子

當我們的心輕盈、自在和安樂，三惡道，即地獄、餓鬼和畜牲就不會出現；如果我們失去念、定和慧，三惡道就隨時可能在我們之中顯現。地獄、餓鬼和畜牲以種子的形式存在於我們之中。如果缺乏正念，沒有修習，那麼三惡道可能隨時顯現。任何時候當我們感到憤怒，地獄之火就會生起並燃燒我們。地獄出現，淨土自然消失，那是非常清楚的。黑暗出現時就不再有光，淨土也一樣。當地獄消失，淨土就會顯現。

在我們之中有淨土的種子，也有三惡道的種子。如果我們希望有淨土，就要令淨土在這一刻顯現；如果我們希望有三惡道，我們也能夠令地獄、餓鬼和畜牲在這一刻顯現。我們都知道地獄是什麼，因爲我們都曾經在地獄之中。在我的一首詩中，我寫下：「我曾在阿鼻地獄疲乏虛弱地大叫。」我們曾經在地獄，因此知道地獄是何等的炎熱或寒冷。當我們心中地獄的元素不再顯現，我們就有淨土。

以往我們也曾經是餓鬼，也曾像餓鬼一樣，由一處走到另一處，希望找到一點點愛、一點點了解和一處可以作皈依的地方。餓鬼的種子在我們心中，不在別處。當我們失魂落魄時，我們變成了餓鬼；當我們追求物欲而被淹沒時，我們變成了畜牲，變成一隻豬、一頭牛，只懂得吃，只懂得追逐欲望。如果淨土在我們的生活中消失，那是因爲地獄、餓鬼和畜牲的種子顯現於我們的說話、行爲和思想之中。

最高的願望

我們最高的願望是什麼？我並不想建造大的寺廟，不想要鑄造巨型佛像，不會想要銀行帳戶有很多存款，也不想要有博士學位；我並不希望做佛學院院長，不會想做僧團的領導人，也不想做佛教會的會長。我只希望建設一片淨土！建設淨土讓善良的人一起生活和互相依止。如果我們的心中有淨土，那麼無論去到哪裡，淨土也會顯現。心中有淨土的人，有高尚的品格。任何有這樣品格的人，都可以稱爲上善人或者有德行的人，因爲他們的心智超越名利的追逐。上善人即是善良的人，在極樂國土居住的上善人眾多。

「諸上善人聚會一處。」這句經文說的不是夢想，而是眾人的心願。我們最大的興趣，最能令我們感到興奮的，是能夠建立一所修習中心，讓世上善良的人聚集一起，幸福生活，成爲其他所有人的皈依處。因此，在我們的願望之中，有阿彌陀佛的種子，那願望就是要建立上善人聚會的地方，一個順利的修學環境。眾多上善人一起居住，無需尋求，淨土自然顯現。

能夠坐在一位上善人附近，我們會感到愉快，更何況是有眾多上善人圍繞庇護著。善良的人只要走在一起，他們不用做些什麼，那景緻也會是淨土。如果不善的人坐在我們旁邊十五分鐘，我們已經感到窒息；三、四百位不善的人聚集一起，地獄立即顯現，我們將會暈厥。淨土和地獄皆是由我們的心顯現，因此每位修習者都有建設淨土的興趣和願望。

淨土不是一個人建造的，即使那是一個完全覺悟的人，即使那是阿彌陀佛。淨土是眾人的共同建設，眾人是指上善人，因此我們不要以爲一個人能創建淨土。建設淨土，需要僧團的集體力量。如果我們不友善，不懂得細心聆聽和講說愛語，不懂得一起共事，有的只是獨裁，那有誰會願意跟我們一起工作？我們如何能建設淨土？

在我們心中，誰都希望能建設一所如淨土一樣的修習中心。我們傾向以爲當自己做了中心的主持人，就再也不需要聽從其他師兄、師姐或師弟妹的意見，我們以爲自己將可以全權決定一切。想要做淨土的主持人是幼稚的想法，如果我們不能和師兄弟、姐妹們幸福共處，那我們如何能建設淨土？如果到來的人都離我們而去，我們將會感到非常孤單。

一個孤單的人永遠不能建設淨土，只要我們看看周圍就能察覺到。並不是那人沒有建設淨土的心願，而是他仍未有足夠的幸福和包容，也未有傾聽、講說愛語，以及和別人共事的能力；他只希望別人聽從他的意見。這樣的人沒有能力建設淨土，他還不是一生補處的菩薩。誰可以告訴我們，說我們是否是一生補處的菩薩呢？完全不用其他人告訴我們，我們只需要觀察自己的心念，就能立即知曉。從今開始，每次我們讀誦「舍利弗。眾生聞者。應當發願願生彼國。所以者何。得與如是諸上善人俱會一處。」這一段經文時，請用心觀照。淨土是一處上善人聚會的地方，而非是一位偉人的個人建設。

因緣具足得以相遇

舍利弗。不可以少善根福德因緣得生彼國。

這句經文，可能會令我們灰心，但接著的經文將會令我們再次感到興高采烈。經文的另一句，說我們只要念佛一聲或十聲，就已經有足夠的條件生於淨土。我們應該相信這一句經文，還是那一句經文呢？事實上，如果我們能明白這句經文，就能夠明白另一句經文；如果我們不明白這句經文，就不會明白那句經文。兩句經文並不互相對立，而是互相補充。兩句經文是一體的兩面。

福德是指幸福和善緣，善根是美麗善良的根。如果我們心中善根淺薄，那我們生於淨土的希望渺茫。這裡所說的根，亦可以解釋為種子。有時我們用根來栽種植物，有時則用種子。用根也可以，用種子也可以。就如種植蓮花，用根或種子都可以。因此要生於淨土，就要有淨土的根或種子，意思即是在我們的心識中種下了美善的種子。例如曾有一次到寺廟禮佛，有一次捐助孤兒，有一次供養一位出家人，有一次救了一隻快要死掉的螞蟻，所有這些都是種下善根的行爲。又或者我們曾經念誦南無佛，所有這些小小的行爲都在我們之中種下善根。在《法華經》中有這樣的教導：

若人散亂心
入於塔廟中
一稱南無佛
皆已成佛道

假如有一個心意散亂的人走進寺廟或佛塔，開口說一聲南無佛，那就是讓他在未來成佛的因緣。雖然只是小小的種子，非常渺小的根，但這些行動已經把種子播在我們的心田，可能明天就成爲我們修習的因緣。一稱南無佛，也可能是帶動其他人來日成佛的因緣。那就是善根，那就是福德。

這句經文說善根薄弱福德淺的人，生於淨土的希望渺茫。在梅村，許多修習者來自遠處，例如俄羅斯、挪威或南非。但居住於巴黎的人，只需一個多小時的飛機旅程就能到達梅村，卻從未有因緣到來。雖然他們住在附近，卻從未聽過梅村，從未有因緣到來。

有緣千里能相會

無緣對面不相逢

如何分別有緣和無緣呢？那並不在於距離淨土遠還是近，而是在於我們是否有緣。在瑞士曾經有三萬人看過《正念的步伐》這部電影，那是關於一九九七年梅村代表團在印度弘法的影片。爲什麼那些人不到電影院看別的電影，而看這部影片呢？許多人看過這部影片後，把我寫的所有書買來看，然後有不少人寫信給我們，希望參與梅村的禪修營。爲什麼他們會這樣做？他們從沒有到過寺廟呢！他們有機會看這部影片，看到僧眾的修習和聽到影片中的佛法開示，在他們之中的美善種子得到灌溉。回家後，他們也希望能夠修習。

要到淨土並不困難，只要我們有足夠的因緣，只要我們知道淨土在哪裡，那麼我們只需來電說：「您好，是淨土嗎？我希望來修學兩個星期。」在淨土的僧眾回答：「可以啊，你可以來參加冬季禪營！」那有何困難？只在於是否有緣。無緣對面不相逢，有緣千里能相會。只要一封電郵、一張傳眞或一通電話，我們就已經飛往淨土的方向了。

深觀，我們看到進入淨土並不是時間或空間的問題。重要的是我們想要有美善的生活環境，想幸福地安住於當下一刻。我們有培養了解和慈愛的心願，有了美善的意願，就無需走到遠方才有淨土，因爲淨土就在此時此地。淨土在我們心中，我們所接觸的一切皆是淨土的顯現。無論在什麼環境，如果我們能安樂生活，我們就是朝向美善的方向；相反地，憤怒和仇恨則會帶我們走向相反的方向。因此，播下美善的種子和意願非常重要。發願走向極樂國土，在當下我們就能到達。

【第九章】執持名號

舍利弗。若有善男子善女人。聞說阿彌陀佛。執持名號。

聽到阿彌陀佛，就應該持誦他的名號。在日常生活中，每當我們接觸到淨土，便應當記下它的名字、地址、傳眞號碼和電郵地址。那地址和電話號碼非常重要，爲什麼？因爲生活如凶猛、急速的河流推擠著我們，當我們被淹沒、被拉扯時，假若我們記得淨土的名字和地址，就可以得到倚靠和救助。如果我們不記得或者只依稀記得那名字，就可能得不到救助，因此我們要清楚記住那名字和地址。

記得那名字和地址，我們就有機會脫離苦痛。澳洲距離梅村不知有多少公里，但只要記得梅村的名字、地址和電話號碼，只需一兩天，在澳洲的人就可以到達梅村，在這裡坐下來。

和平的禱告

在梅村，儀式、節日和日常念誦時，我們都會念佛。我們念佛，就像是一種和平禱告。我們贊揚釋迦牟尼佛時說：「佛面猶如淨滿月」。佛的莊嚴清淨，給予我們靈感。念佛的時候，我們並不只是念誦一些音聲。我們是在心中憶念佛所有美好善良的特質。如此，我們就是在讓這些正面的特質，在我們的環境，在我們的世界顯現。

念誦時聲音的頻率，把我們的身心帶回一體。這是禪定的修行。僧團中眾人一起唱誦，學習如何將自己的聲音與大家的聲音和諧地融爲一體。這有助於我們在生活中和諧共處。我們與念誦的對象爲一體，也與我們修行的團體爲一體，這是和平的修行。

用心讀經

> 聞說阿彌陀佛。執持名號。若一日。若二日。若三日。若四日。若五日。若六日。若七日。一心不亂。

讀到這段經文，我留下眼淚，因爲我想起了《念處經》。《念處經》是原始佛教的基本禪修典籍。佛陀在世時，出家僧眾都能背誦這部經。可惜現在在大乘的寺廟中，許多人並不知曉或者未有機會讀這部經。經中佛陀教導觀身如身，觀受如受，觀心如心，觀法如法。那是佛陀的禪法，是佛陀自己修習，並直接教給出家弟子的修習方法。佛陀給予具體的方法，讓我們在日常生活中，於行、住、坐、臥、吃飯、洗碗時修習怎樣觀身如身，觀受如受，觀心如心，觀法如法。所以我們也應該背誦這部經，真正的用心背誦，而不是像鸚鵡那樣。鸚鵡可以學著背誦，但並不是用心。

在《念處經》中，佛陀教導，任何人修習七年就能夠證悟。然後佛說不用七年，三年就可以了。接著佛說不用三年，一年也可以。之後佛說不用一年，半年也可以。然而佛又接著說不用半年，一個月也可以。或者不用一個月，七天也可以。最後佛說不用七天，一天就可以了。

就是這一句令我流下眼淚。當佛陀說七年能證悟，有些人已經覺得很滿足地說：「只需七年啊！」但也有人說：「七年太長了，怎能等到七年那麼久？」因此佛陀說不用七年，三年也成。所以我聽了就想哭，因爲佛陀的慈悲廣闊無邊。佛陀和眾生議價，如果七年太長，那麼三年也可以；如果三年太長，一年也可以，隨意。然後佛陀在《阿彌陀經》裡又說：「如果不能念十聲佛，那麼一聲也可以。」我怎能不哭？哪會有人像佛陀如此深愛我們呢？

如果我們讀經時，只是以智力來讀，而不是用心來讀，就不能有這樣的領會。有些人不容易生起定和慧，他們覺得自己無法修習，覺得其他人也難以有穩固的修習。但佛陀說每一個人都可以修習，沒有例外。佛說：「親愛的，請如此修習。如果你以爲自己不能念十聲，那麼你念一聲也可以。」《念處經》裡也有這樣的教法，這是兩部經中最令人感動之處。佛陀伸出雙手，救助在生活中沉淪，以及還沒有念、定、慧的人。佛陀說：「試試看吧！你可以做得到。」

苦藥變甜

如果西藥太苦，藥劑師會在製造藥丸時加一層糖衣，令藥變得容易入口。中醫的藥師也一樣，他們把中藥磨成粉，混入蜜糖，讓我們嚐到甜味，容易嚥下。有一種由水果和草藥混合而成的藥劑，叫做清涼茶，當小孩感到燥熱或長了很多暗瘡時可以服用。這種沖劑可以煮成糖水，令孩子容易服用。同樣地，當小孩患上瘧疾，孩子的母親會把非常苦的奎寧放在一片香蕉上，然後叫孩子吞下。這些做法，都是出於愛和希望幫助正在受苦的人的心願。

在此也一樣，佛陀是慈愛的母親，知道在她的孩子之中，有些強壯，有些軟弱，因此她設立各種方法，讓她的所有孩子都能學到一點教導。即使學得不多，也能學到一點點。這些都是出於佛陀對眾生無限的慈愛。

當我們讀經時，應該用心去讀，而不是用智力去分析和鑽研。這樣做，我們就能培養和佛陀一樣的慈愛，能夠擁抱所有人，不會輕視任何修習方法，包括那些很簡單的方法。雖然簡單，但我們可能還未完全理解。念佛的修習方法就是如此，我們要讓修習帶來成果和益處。

生於極樂國土

其人臨命終時。阿彌陀佛與諸聖眾。現在其前。是人終時心不顛倒。即得往生阿彌陀佛極樂國土。

這一句經文源自於「善根福德因緣」的概念。每天念一聲，天天都念；或者每天念兩聲，念十聲更好，每天都念。到了臨終時，我們自然會記得念佛。如果你說：「現在還不需要念，等到臨終時才開始念也可以。」如此你會錯過修習的機會。到臨終時，我們可能有很大的病痛，如何還記得念？重要的是今天。我們應該念，即使只念一兩句。儘管有人說我們迷信，我們也一樣念，因爲我們知道如此念佛，能灌溉我們心識中的美善種子。

每天念一句或十句，到臨終時我們就不會感到害怕。我們有了地址，有了電話，那時候自然能記起來。我的弟子純嚴還小的時候，家中的姐妹都要學習用心記著家的地址。出外玩耍時如果迷路，就能夠告訴別人家的地址，把她帶回家。學習用心記著地址有這樣的好處。我們都有故鄉，但如果不知道故鄉的地址，我們又怎能回去呢？因此，我們要用心記著故鄉的名字和地址，那麼當我們顛倒迷失或者被風浪推倒時，我們能記起故鄉的名字、故鄉的地址，就能夠找到歸路。

每天都是我們修習的日子，坐禪、行禪、誦經、或者其他的修習，所有這些都是日常的修習。這些修習非常重要，尤其是和師兄弟、姐妹們一起共修。不要說：「我已經長大了，不再需要和大眾一起共修。」

我們持誦佛的名號，盡心修習禪觀。這個修習方法稱爲執持，梵文是 dharani。執持並不只是用口，而是用我們的心。執持即是「持誦」，盡心即是「一心」。執持名號並不是用理智或者口舌，而是用心。我們的心要專一，我們用心進入那名號，讓佛的名號在我們心中顯現。當我們念「南無阿彌陀佛」，如果心在想其他的事，那只是空泛的誦念佛號，就如空有外殼，裡面沒有種子一樣。念佛而沒有內容，那並不是一心念佛。米糠的外殼如何能煮成米飯？因此，在米糠的殼中要有米粒。同樣地，一心念佛才稱得上是有內容的念佛。

如此，在臨終時，我們起碼可以依靠這些福德。臨終那一刻是我們生命中極爲重要，也極其危險的一刻。那一刻，由我們在生活中建立的善能量或惡能量所帶動。如果我們常在正念中念佛，那麼在臨終一刻，我們的心識穩固，帶領我們向善，與「上善人」相遇；否則我們將可能走向三惡道。

在臨終那一刻，我們需要有僧團在旁邊爲我們護念。我們知道，如此護念，我們的心堅穩地朝向著美善的環境。如果修習得好，我們無需等到臨終一刻才到達淨土。在念佛當下的一刻，淨土即在此時此處。念佛並不是要等到臨終一刻才有定，只要有念，就立即有定；只要有念和定，穢土就會開始轉化成淨土。如此，淨土開始顯現。我們不用等到臨終才走進淨土。在我們念佛時，我們即時走入淨土，這是非常重要的。我們必需清楚了解，佛陀演說微妙法，初善、中善、後善。因此，回到呼吸上，在每一個步伐中修習，我們已經開始看到成果。因此，淨土並不是在臨終那一刻才顯現，而是在開始修習念佛時已經顯現。用心念佛的當下，我們的心成爲「上善人」的心。我們開始念佛和極樂國土，那時候心裡就有佛，也有淨土。

執持名號

當我們念「Namo Tassa Bhagavato Arahato Samasambu-ddhassa」（禮敬世尊、阿羅漢、正偏知）。我們知道Tassa是向他，Bhagavato即世尊，值得尊敬的人。Arahato即阿羅漢，意思是應供，是值得讚揚和供養的人。Sama即正確的，Sambuddhassa即是圓滿覺悟。念佛號時，我們的心深深被感動著。就如同我們呼喚所愛的人、聽到親愛的人的名字時，我們覺得感動，他們令我們安康，給我們希望。念佛也是如此，念佛並不只是空洞地誦念名號，而是從心流露出信心和尊敬。

一些剛開始念佛的人，他們空洞地念佛。有些人見面時會說「阿彌陀佛」

來打招呼。如果說佛的名號而沒有內容，那沒有什麼意思。有時甚至有人說「阿彌陀佛」來表達驚訝和感嘆，或者在非常生氣時念佛：「南無阿彌陀佛，天啊，氣死我了！」如此念佛並沒有安寧、慈悲和安穩，那是對佛的不敬。念佛要有安寧、慈悲和安穩。那就是爲何念佛要一心不亂，眞誠地表現佛陀美善和莊嚴的特質。如果空洞地念佛，覺醒的種子就不會在我們的心田中播下。

快樂修行

曾經有一位老婦人非常勤勞地念佛，每天早上上香念佛、敲鐘和木魚，如此念佛已經十年，但性格一點都沒有改變。她非常凶惡，所有鄰居都害怕她的口業。有一個同村的男子，想教訓那名婦人。一天早上，當婦人上香準備念佛時，他走到婦人屋前，叫喊婦人的名字：「四嬸、四嬸。」

四嬸聽到自己的名字，暗自抱怨：「你來到屋前，為什麼不進來，卻在門外呼叫？」婦人開始非常生氣，大聲地敲鐘和木魚，高聲念佛，間接地表示她在修習念佛，鄰居前來打擾是很不禮貌的。但鄰居假裝聽不到，站在門外繼續呼叫婦人的名字，在屋裡的婦人則更加大聲地念佛。兩邊皆在高聲呼叫，男子假裝聽不到，仍然繼續呼叫婦人的名字。

過了一段時間，婦人再也受不了。她把鐘和木魚丟到一旁，然後走出去，雙手叉腰，斥責鄰居：「你不知道現在是我念佛的時間嗎？你的行為極為無禮和無賴。」這時男子大笑並說：「天啊！我才這樣叫喚你一陣子，你就已經如此生氣，那你每天念佛陀的名字整整一小時，佛陀一定對你更生氣了。」

聽到這句話，我們清楚知道，誦念名號而沒有內容，並沒有任何益處。所以，經中說「執持名號，一心不亂」。依據一心不亂的方法修習念佛，即是在念佛時，我們的心不想其他事，我們想的只是佛，那即合乎佛隨念（**Buddha anusrmti**）法。

念佛是原始佛教的一個修習方法。我們不是只在生於淨土前念佛、念法和念僧。生於淨土後，我們仍要繼續念佛、念法和念僧。「一心不亂」這一句非常重要。念佛要達到一心不亂，意思即是在念佛時，我們的心凝聚在佛的名號，不會想到其他任何事，不會想到煮飯、燒水、開燈、過去或將來。念佛就只是念佛。

念佛要達到一心不亂，我們需要修習。起初心仍散亂，但我們有耐心。許多時候我們念十聲，有九聲落入妄想，只有一聲有正念，那總好過一聲也不念。明天我們念十聲，可能會有兩聲在正念中，這已經是進步。念佛最好是和大眾一起念，和同修一起念，如此和大眾一起念佛，我們有更強的能量。起初我們念十聲只有一聲成功，慢慢地念和定增長，我們會有兩聲、三聲、四聲成功，最終我們念十聲佛，十聲都在正念中，那就非常成功。

當下淨土

如果你已經在梅村修學了一個月、兩個月或六個月，體驗到在梅村修學的幸福，那麼離開梅村時，你可以把在梅村體驗到的幸福帶回家。許多時候你在居住的地方遇到不少困難，但當想到梅村的影像和幸福時，那影像和幸福就會顯現，那時候梅村就在你心中。淨土也是如此，我們不需要走到極樂國土才有淨土，淨土會來到我們這裡，淨土原本就在我們心中。

即使我們站在煩惱之地，如果我們想到佛和淨土，我們的心已經感到安康。有些人沒有家可以回去，沒有人可以想念，他們感到迷失。我們有家可以回去，有佛可以想念，已經是很大的幸福，很大的福德。我們有僧團可以一起修學，有佛法可以修持，有合適的環境修習，這些都非常珍貴，無論在哪裡，我們都有責任維持和發展這些條件。

臨終那一刻非常重要，因爲我們受到生命中善念與惡念的牽引。如果一個人經常念佛，在臨終時安住在定之中，沒有顛倒和散亂，他將會往生於極樂國土。顛倒是指心意紊亂不定，以爲天是地，地是天，佛是魔，魔是佛；不顛倒即是正直，知道天是天，地是地，佛是佛，魔是魔，這樣的認知就是正智。如果在臨終時心中顛倒，將會墜進三惡道。生是一種延續，死也是一種延續。生與死的一刻都應該感到安樂。

在臨終時有定，是因爲我們在日常生活中修習戒、念和定。因爲修習戒、念和定，所以在日常生活中我們感到幸福。不用等到臨終時才有幸福，在當下一刻感到幸福和平安，是臨終時的最好準備。我們談到臨終，是因爲那一刻我們可能會感到惋惜。如果在生的時候念佛，我們在當下一刻就感到幸福，沒有任何惋惜了。

另外，在臨終時有僧團在身邊給予心靈支持，我們的心平穩地向著美好的環境。但是，我們無需等到死亡那一刻才到達淨土。當我們憶念淨土的時候，淨土就會爲我們顯現。

找到心中的淨土

事實上，我們不需要走到淨土，淨土可以來到我們這裡。雖然身處於煩惱的世界，但只要我們憶念佛和淨土，就會生起幸福的感覺。沒有方向又或者無家可歸的人，他們感到完全迷失。然而，眞正的家園並不在我們身外。在我們的五蘊：色、受、想、行、識的領土中，我們可以創建淨土。當我們輕鬆平安，感到自己有穩固的根基時，無論去到哪裡都是我們的家。相反，如果迷失於焦慮、恐懼和憤怒中，不感到平安，那麼無論去到哪裡，我們都不會有家的感覺。

念佛，憶念極樂世界，我們有這一個家隨時可以回去。我們念佛，是一種幸福，是一種功德，一種福德。爲自己和祖先修福，也就是爲自己和祖先帶來幸福。

與僧團一起修行，有佛的教導讓我們應用在生活裡，也有修行的環境，讓我們親身體驗修行。這些有利的條件非常珍貴。我們所要做的，是維持和發展這些有利的條件。無論身處何方，在每個呼吸、每個步伐中念佛，就能把淨土帶到當下一刻，這都是我們在修習時能看到的。

【第十章】信、願、行

舍利弗。我見是利。故說此言。若有眾生。聞是說者。應當發願。生彼國土。

佛陀說這段經文時，他的心和我們的心一樣。我們需要安全和幸福的環境，以便轉化痛苦。遇到痛苦的人，我們把這個安全和幸福的環境介紹給他，讓他有機會來修學，就像佛陀在《阿彌陀經》中介紹淨土給我們一樣。

諸佛互相扶持

接著的一段經文談到十方諸佛的護念：

舍利弗。如我今者。讚歎阿彌陀佛。不可思議功德之利。東方。南方。西方。北方。上方。和下方。如是等恆河沙數諸佛。各於其國。出廣長舌相。遍覆三千大千世界。說誠實言。汝等眾生。當信是稱讚不可思議功德。一切諸佛所護念經。

在這段經文中，佛陀不單只讚揚阿彌陀佛的淨土，還建議在其他國土的眾生發願生於淨土。在十方世界的其他諸佛，最少有六方，都和釋迦佛一樣，讚揚阿彌陀佛的淨土。《阿彌陀經》非常微妙，阿彌陀國土是修習正念生活的理想之地，而阿彌陀佛則是理想的導師。十方世界中的一切諸佛，每一位都互相扶持，互相幫助；每一位佛都有他們的修習中心和淨土，幫助眾生修學；每一位佛互相扶持，成就覺悟的理想。

我們應把修習中心變成小小的一片淨土，同時支持其他寺院和修習中心，讓佛弟子生起修習的信心。讀這段經文時，我們看到諸佛互相扶持，這是何等美妙。說到極樂，其他國土諸佛同聲讚揚極樂國土的美，和阿彌陀佛的好。諸佛全心全意讚揚，並不是以外交的語言互相稱讚。諸佛從不惡言相對，如這所修習中心說另一所修習中心的壞話那樣。

釋迦佛繼續教導：「汝等眾生。當信是稱讚不可思議功德。一切諸佛所護念經。」「稱讚」是因爲此經有無量功德，「護念」則是以他們的正念能量來護助。諸佛皆讚揚此經的修習，許諾用他們的正念能量來護助所有想修習此經的人。我們以修持此經來證明這個說法，當我們的心憶念一位佛時，我們也同時接觸到宇宙其他的一切佛。因此，念哪一位佛的名號並不是問題，透過一位佛，我們能接觸到世間的一切諸佛。所以，我們念任何一位佛都可以，只要我們能一心念佛。因爲有宇宙中諸佛的護念，修習者不會退轉，即是不會退回苦痛的境地。有諸佛護持我們的修習，我們只會向前，不會後退。

諸佛在他們的國土，現出他們的廣長舌相，這是佛身所具足的殊勝容貌形相之一。有廣闊和長舌頭的人，是講說事實的人。佛的長舌頭能遍覆三千大千世界，這是詩人的語言。廣長舌相是佛的三十二相之一。諸佛皆有三十二相好莊嚴，相好莊嚴的第二十七相是廣長舌相。有這樣舌頭的人，不會說虛假、尖酸、譏諷、誇張、埋怨、指責或揑造的話；只有這樣長舌的人能說微妙的話語。我們的舌頭很短、很小，所以我們未能像諸佛那樣爲人們帶來許多幸福。

試觀想阿彌陀佛正坐在極樂國土，看著周圍的諸佛在讚揚他。阿彌陀佛覺得是平常事，他不會自豪或自負。因爲成佛後，諸佛都盡心互相支持幫助。

一行專注

> 舍利弗。於汝意云何。何故名爲一切諸佛所護念經。舍利弗。若有善男子善女人。聞是經受持者。及聞諸佛名者。是諸善男子善女人。皆爲一切諸佛之所護念。皆得不退轉於阿耨多羅三藐三菩提。是故舍利弗。汝等皆當信受我語及諸佛所說。

在這段經文中，我們看到一顆隱藏了的明珠。這個修習的方法稱爲「一行三昧」(ekavyuhasamadhi)，即是一行專注，專注念佛的禪定。當習禪達到專注，任何時間我們都可以念佛。我們所念的皆是佛，我們可以念阿彌陀佛、釋迦牟尼佛或彌勒佛。我們只要念一位佛，透過這一位佛，我們便可以接觸到恆河沙數一切諸佛。一位佛即一切諸佛，一切諸佛即一位佛，因此，念阿彌陀佛亦是念釋迦牟尼佛，念釋迦牟尼佛亦是念迦葉佛，念迦葉佛亦是念提婆施佛。念這位佛即是念那位佛，我們禮敬這位佛亦即是禮敬那位佛，這樣的專注，稱爲「一行三昧」。

接著，我們讀到另一段非常微妙的經文：

舍利弗。若有人已發願。今發願。當發願。欲生阿彌陀佛國者。

是諸人等。皆得不退轉於阿耨多羅三藐三菩提。於彼國土。若已生。若今生。若當生。

發願生於淨土的那一刻，那人已即時到達淨土，不在乎已生、今生、還是當生。這段經文有很多不同的詮釋。根據我的理解，這個詮釋最清楚。如果我們能接受這段經文的意義，我們就可以接觸到究竟層面。我們希望生於極樂國土嗎？一切皆由我們。我們有兩個處境，第一是被苦痛的環境所困；第二是我們處於同樣的環境，但我們希望脫離苦境。因此問題在於我們是否希望脫離，如果我們想脫離，我們將會脫離；如果我們不想脫離，我們將不會脫離。

我們都曾經被拉扯到痛苦和束縛的生活環境，生活爲什麼有這麼多苦痛？

看看周圍，我們看到人人都在痛苦之中，人人都有煩惱，人人都有束縛。我們和其他人一樣有束縛、有煩惱，我們現在自然想脫離，想到一個安全、有正念、有僧團的地方，一切端視我們是否有這個意願。如果我們有這個意願，即使我們還在同一個環境裡，我們已經開始脫離那個地方，因爲我們的心不再糾纏於那苦痛之地。雖然我們身在那裡，但我們的心已經脫離那個困境。在我們發願的那一刻，已到了淨土，我們的心已經轉化。

已發願、正發願和將發願生於阿彌陀國土的人，已達到不退轉，即是不會退回苦痛的境地。爲什麼他們不會退轉？那是基於他們離開穢土的決心。當他們生起這個決心的那一刻，他們的心已生於淨土，達到不退轉，不會退回苦痛的境地。因此經中說願生淨土的人已到達淨土，不論那人是已生、今生或當生。這段經文是否很微妙？在束縛苦痛的環境中，如果我們有脫離的意願，我們的心在那一刻就能脫離，我們的心在那一刻就有淨土。如此，雖然我們還停留在那裡，但我們已生於極樂國土，而且我們可以回來救助處於苦痛和束縛中的人。「苦海茫茫，回頭是岸」，苦海雖然無邊，但如果知道回頭，立刻就會看到陸地，問題在於我們是否回頭。

僧團的集體能量

深入察看，我們可以看到經中關於僧團的概念，是非常根本和重要的。淨土是僧團的共同創建，並不只是一位佛有淨土，宇宙中一切諸佛皆有淨土，都在互相護助各淨土。在此經中我們已經學到，只需心念和皈依一位佛，一心念佛，我們就有機會進入淨土，儘管我們心中仍然有苦痛的種子。

在我們之中有苦痛的種子，但我們仍可以進入淨土，這樣很好，因爲在淨土的教導中有「帶業往生」的概念。「帶」是依隨，帶著；「業」是以往由身、語、意的行動帶來的後果，我們可能帶著痛苦的經驗進入淨土。「往生」即是參與。「帶業往生」的意思是帶著過往痛苦的經驗，也可以參與淨土。

當我們把一顆石頭或卵石拋進河裡，無論石頭是多麼小和輕，也會如常地往下沉。但當我們有一艘船，即使我們把數百顆石頭放在船上，船也不會沉沒。這是「帶業往生」的一個好例子。一個人可能沉溺，但如果有僧團、佛菩薩的護念，我們就不會沉沒。我們仍然浮著，但我們必需有僧團，必需有淨土。

如果有僧團和淨土，儘管我們心中有苦痛，我們也不會沉沒。我們可以稱這力量爲他力，即是他人的力量，而不是我們的力量。然而他力由自力造成，舉例來說，僧團雖然是他力，但僧團是以自力構成。每個人都把自己的幸福和安樂貢獻給僧團，所以僧團有正念、幸福和安樂的能量。僧團以這些能量救度和幫助一些剛到來而深感痛苦的人。剛到來的人也一樣，他們的正念修習，能夠貢獻給僧團正念和幸福的能量。雖然他們只有少許的幸福和正念，但他們已能奉獻僧團。這稱爲他力，他力由自力造成。他力是原有的，當人們把自己的幸福和安樂貢獻給僧團時，就是在貢獻他們的自力給僧團。

我們試想，在淨土裡有許多人剛到來，他們的心識中依然有貪瞋、憂愁、恐懼和懷疑的種子，因此偶爾仍會感到苦痛，因爲他們都是「帶業往生」。所以，我們不要想像當我們到達淨土後，就再也不會有任何問題。如果我們在非淨土上彼此相遇，沒有僧團的能量，沒有了解和愛的修習作保護，那麼我們可能會做帶來痛苦的事，令那土地成爲地獄。相反地，如果我們在淨土上彼此相遇，我們便有轉化苦痛的機會，因爲在那裡有佛和一生補處的菩薩，有許多上善人，擁抱剛來到淨土的人心中的苦痛。這就是爲什麼淨土能承受剛「帶業往生」的人的苦痛。他們的業將會慢慢轉化，因爲他們每天修習，早上摘花供佛，中午以正念進食和行禪，聽鳥兒和樹木演說佛法。他們親近阿彌陀佛和善知識，這些都是有利修習的條件，能夠轉化剛從彼岸來到的人心中的苦痛。在淨土裡所有人都依據念佛、念法和念僧的方法修習，他們有微風和鳥兒的幫助，也有佛菩薩的幫助。

凡聖共存

我們不要想像到了淨土以後，每天中午才起床，早上不去坐禪，也不和大眾一起吃早餐，淨土不會這樣。到了淨土，我們成為菩薩的第二身。在梅村，我們有第二身的修習。第一身是我們自己，第二身是團體中的另一位成員。在僧團中每位成員都有第二身，彼此互相照顧，以令僧團中的每一位成員都有另一人在照料。

在淨土裡，早上菩薩會叫醒我們和大眾一起坐禪。當我們感到苦痛時，菩薩會幫助我們，我們「帶業往生」，因此淨土有「凡聖同居」的性質。「凡」是指塵俗的人，「聖」是指已經解脫、部分解脫或完全解脫的人。聖人擁抱凡人，不讓凡人跌進苦痛之中，讓他們慢慢轉化。淨土裡並不是沒有凡人，而是凡人得到聖人的擁抱、扶持和照顧。

我們試想像佛菩薩以他們的手臂，用至善的能量擁抱我們，這至善的能量即是正念的能量。剛來到淨土的人有許多凡人的特質，但由於有許多上善人在同一地方修習，所以他們有足夠的能量修習正念，擁抱自己凡人的特質。

每個人都有凡人和聖人的特質。雖然我們都是凡人，但在我們修習正念時，聖人的特質開始顯現。聖的特質並不是其他人才有，在我們之中也有此特質。每個正念步伐，每個正念呼吸，都能夠培養我們聖人的特質，擁抱凡人的特質。如果這樣還不夠，我們可以借用諸佛菩薩聖賢的特質。「一生補處」的菩薩或者上善人，都能擁抱和轉化我們凡人的部分。在僧團中有修和學，我們每天都能培養多一點聖人的特質，擁抱和轉化凡人的特質。

讓我們看看自己的僧團，我們能看到僧團也是凡聖同居。儘管我們之中有聖人的特質，但此特質不能與諸佛菩薩相比。在我們之中有些人，聖人的特質比凡人的特質多很多，也有些人凡人的特質比聖人的特質多。我們都有這兩種特質，但凡聖的比例每個人都不一樣。

【第十一章】九品蓮花

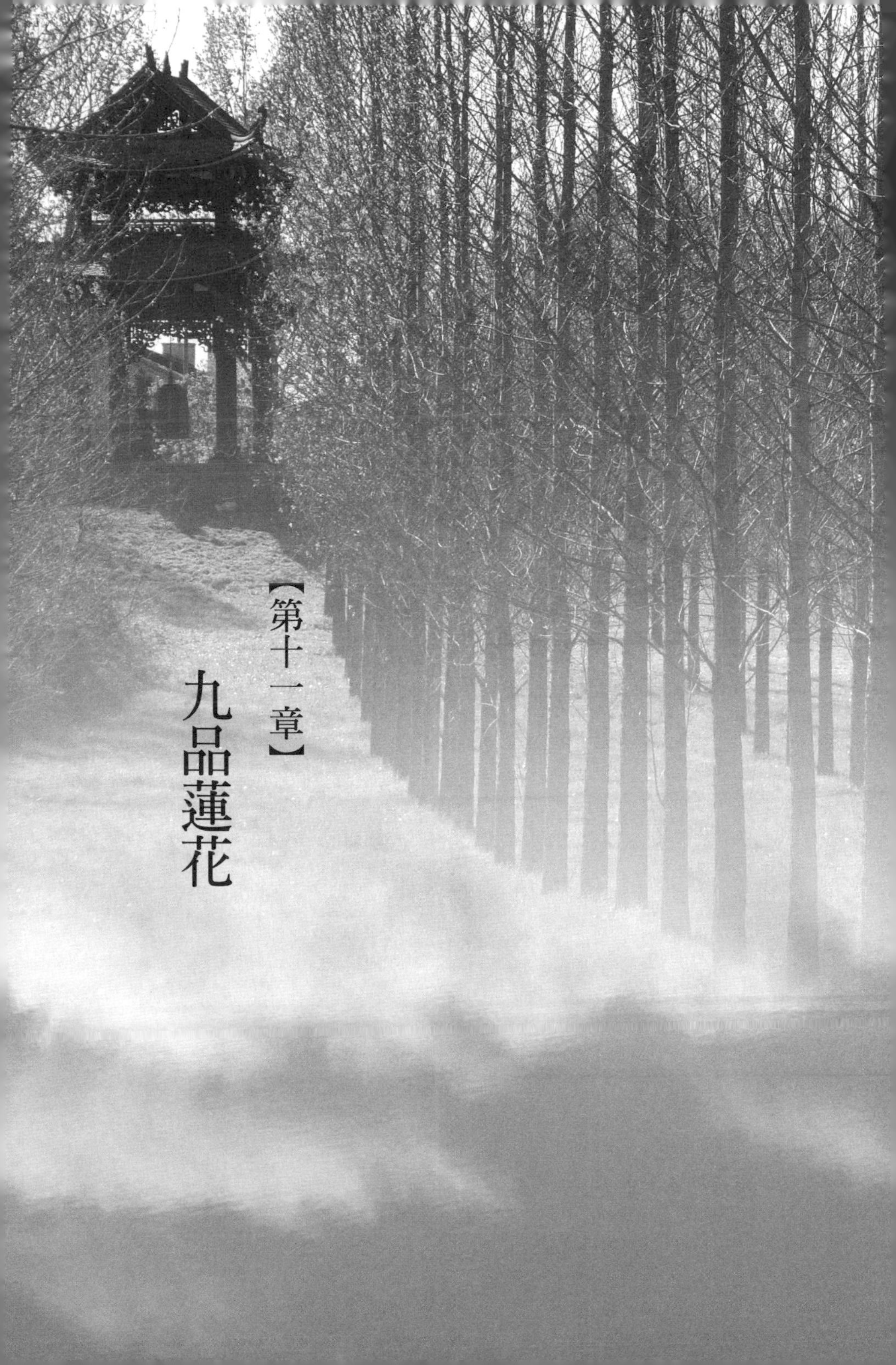

人們以為在淨土中的蓮花可以分為九個層次。來到淨土的人，修習有不同的層次，端視他們聖人的特質多或少，他們象徵性地坐在九個層次的蓮花上。當我們在這個娑婆世界，在當下一刻念「南無阿彌陀佛」，心誠懇專一，正念生起，自然地在淨土裡，一朵蓮花的蓓蕾即會出現。這個影像很美，也很有詩意。

雖然蓮花蓓蕾很細，但它已經存在。我們可以畫一個圖表，把它分成兩份，一份是娑婆世界，一份是西方淨土。我們住在這一邊，即是娑婆世界的眾生。我們念一聲佛，在另一邊就有一朵蓮花顯現，我們可以用這個影像來修習。另一邊的蓮花生長的快慢，取決於我們的修習。那朵蓮花是保留給我們的，我們將生在那蓮花之中。當蓮花的蓓蕾長大和成熟時，蓮花將會盛開，我們就在那時候生於蓮花之中。我們自蓮花中而生，而不是從洋白菜中而生。

淨土裡有九品蓮花。根據《觀阿彌陀佛經》，九品分爲三個層次，每個層次有三品。當我們生於淨土時，最低的層次是「下品下生」；如果有上根上智，則會生於「上品上生」。九品和三個層次如下：

上品：上品上生
上品中生
上品下生

中品：中品上生
中品中生
中品下生

下品：　下品上生
　　　　下品中生
　　　　下品下生

剛聽到時，我們可能會想到在極樂國土也有社會階級和歧視。我們要小心，要用我們的智慧。生於淨土的下品下生，只是代表雖然我們已到了淨土，但仍然帶著許多苦痛，我們非常需要僧團的擁抱和扶持，以能轉化。因爲尚有苦痛，所以我們雖然在淨土裡，卻未能百分之百享受淨土之樂，我們只能享受到百分之五的樂趣，或者更少。但我們正在淨土這個事實，已經非常美妙。儘管仍有苦痛，有懷疑，有時更想要離開，雖然有起有落，但我們已經在淨土了。因此我們需要來到僧團，需要依附僧團。淨土就是如此，在那裡，有許多非常幸福的人，他們生於上品上生的蓮花，但也有人仍有苦痛。

幸福由心

偶爾我們會問自己：「爲什麼生於同一環境，其他人如此幸福？他們整天快樂歡笑。見到他們快樂歡笑，我們也跟著歡笑，但當望向鏡子時，我們看到自己的笑容歪歪扭扭。」如果想了解淨土，我們應該實際地觀察我們的修習團體，那時候我們將明白淨土是什麼，也會明白我們正坐在哪一品蓮花之上，是上品、中品、還是下品。

爲什麼在同一僧團，同一環境，同一位老師，共修的朋友也一樣，但有些人非常幸福快樂，非常自在，而我們卻仍感到痛苦，仍感到孤單，仍然感到自己是僧團裡的低級公民？試舉一個例子，梅村僧團正和老師一起行禪。同一位老師，同樣的師兄，同樣的師姐，同樣的師弟妹，走在同一條路上，看到相同的樹，聽到相同的鳥聲，爲什麼有些人行禪時非常幸福，有些人卻不感到幸福？那是由於外境還是我們的自心？答案非常簡單。那並不是由於外境，而是由心，一切外境皆由心而顯現。

我們都是一步步地走，爲什麼他們自然安穩，而我們仍感到不安，想著這樣那樣？問題並不在外境。我們不要以爲往生淨土後就不再會有任何問題，不需要修習。這是錯誤的想法。來到淨土就好比考上大學，在大學裡我們要上課，不可以缺課，我們要上全部的課。阿彌陀佛非常友善，他希望我們修學，如家人般互相關愛。我們希望阿彌陀佛是慈父，疼愛教導我們，而不會苛責叫囂。

皈依僧團

讓我們以僧團作爲觀照的對象。起初我們因爲某些因緣來到這個僧團，我們是僧團的一部分，但那不代表再也沒有問題。加入僧團時，我們仍帶著心中的苦痛。我們已離開昔日的環境，來到僧團，這是很大的成果。因此我們應該知道要修習，將苦痛交給僧團，請僧團擁抱我們的苦痛。我們也要透過修習來擁抱自己的苦痛，轉化苦痛。

我們要皈依僧團，把生命完全託付給僧團。僧團是唯一的機會，幫助我們擁抱和轉化苦痛。可能我們已經到達淨土，但仍未能安穩而坐，我們坐著的蓮花仍未完全是蓮花。我們說這不是我們的淨土，這是眾生的心態。我們可能需要一年或兩年，才不再這樣想。希望離家而去的種子，我們每個人都有。年輕人都曾經因爲爸爸、媽媽、姐姐或哥哥而生氣，因而想離家出走。這種子並不是我們自己種下，而是由歷代祖先繼承而來，因此到了淨土後，有時我們仍會想要離開，因爲我們之中離家而去的種子仍未曾轉化。

住在這裡的在家和出家弟子都清楚知道，如果有祖先的福德，我們是不會離開的。堅持留在這裡三年，我們會看到我們能扎根，開始感到安穩。這有賴於我們對僧團的信心，和對淨土的信心。

阿彌陀佛和上善人時刻都在這裡接納和關愛我們，但有時我們未能感受阿彌陀佛和上善人的愛和教導。有時我們望著阿彌陀佛，覺得他並不怎麼友善，因為我們並不安穩自在，因而未能看清楚。我們看到的都被歪曲，我們的心被無明覆蓋。如果我們想如實地看到阿彌陀佛，我們要有寧靜和自在。如果我們用憤怒和妒忌的眼鏡來看，我們將不能見到阿彌陀佛。

有多幸福？

事實就是如此，因此用九品蓮花來演繹淨土雖然是事實，但也非常危險。我們可能會想：「在淨土中仍然有階級之分。到了淨土，我們仍然要做第九級的公民，或者二級公民。」如此的想法，令我們對其他人心生妒忌。其他人之所以幸福快樂，並不是因為阿彌陀佛特別疼愛他們，或者對他們特別優待，佛從不會對人有歧視。只是我們的心仍有著無明和苦痛，因此以為自己被忽略、被歧視，是第二等、三等或者九等公民，這樣的感覺由我們的心而生。

到了淨土，但娑婆裡的苦痛種子仍在，因此我們未能完全感到極樂國土的快樂，而在淨土裡的其他人卻非常幸福。坐在這裡，在僧團之中，在我們小小的淨土裡，我們已經可以看到僧團裡也有九個階級。有人相當閒適快樂，但也有人未能安定，仍想著要離開。有人仍有憤怒，覺得被歧視，但也有人修習平等包容和深觀，能夠接納和理解每一個人。淨土中的九品蓮花，相當於我們僧團裡眾人不同程度的幸福、平安和專注。幸福快樂，是修習正念、轉化和療癒的果實。

龍神卡—— 開啟幸福與豐盛的大門
（38張開運神諭卡+指導手冊+卡牌收藏袋）

作者／大杉日香理（Ohsugi Hikari）　繪者／大野 舞（Denali）
譯者／張筱森　定價／699元

迎接龍年！找龍神當靠山！來自三十八隻日本龍神的強力祝福！無論是金錢、戀人、工作、人際關係，在全新的一年都會有令你驚喜的變化！

在日本，龍神自古以來一直是和人們很親近的神祇，時常被雕刻在神社或寺廟。龍神在神明中負責「結緣」，為我們人生的各個層面牽起人與人之間的緣分，並成為靈魂成長與發展的後援。透過牌卡，便能輕鬆得知龍神給予我們的提示與能量。

在故事與故事間穿越
—— 追隨印加薩滿，踏上回家的路

作者／阿光（游湧志）　定價／480元

廣播金鐘得獎主持人帶讀者體驗最原始、精煉的「薩滿」精神！一起找尋自身最深處的故事！

★本書沒有攻略、路線和景點導覽。有的是一個個你我都會深有同感的人生故事！

★上百張作者在南美親自拍攝的照片，包括火山、海底神廟、星際之門等聖地。

★掃書中QRcode便可以看到作者在當地探訪的影片！

走過蓮師三大隱密聖境
—— 尼泊爾·基摩譬／錫金·哲孟雄／西藏·貝瑪貴

作者／邱常梵　定價／720元

再次起程！踏上極少人到訪過的蓮師三大隱密聖境！
橫跨尼泊爾努日、印度錫金、印藏邊界，一步一步與蓮師相遇！

書中四百多張珍貴的照片記錄作者在朝聖旅程中與蓮師相遇的過程，讓讀者彷彿跟著她走過一座又一座的山頭，親歷身體的痠痛與心靈的富足與信心。所有和蓮師有緣的人，請跟著作者一步一步走過蓮師授記的三大隱密聖境吧！

呼喚蓮花生

—— 祈求即滿願之蓮師祈請文集

編譯者／卻札蔣措　定價／550元

中文世界第一本壯麗的蓮師願文大集結！
多篇來自蓮師埋藏的伏藏法！
《我的淨土到了》作者卻札蔣措親自編譯！

揚唐仁波切曾多次說過：「在亂世之中，我們要依靠的就是蓮師。」特別在當今疾疫戰爭的時刻，蓮師的威光就更顯珍貴。依照本書的願文來發願，念誦之中自然轉念為善，只要用虔誠的心來祈請，緣起力量不可思議，果報深廣也不可思量！

歪瓜—— 一代禪師鈴木俊隆的平凡與不凡

作者／大衛·查德威克（David Chadwick）
譯者／薛亞冬　定價／760元

在作者的筆下，我們第一次見到古代公案中的禪師變得有血有肉，揚眉瞬目，站在面前，對我們微笑，鼓勵我們從他一生的言行中汲取力量。

本書作者是鈴木俊隆的弟子，擁有鈴木禪師親言教誨的第一手資料，以及同門師兄弟的回憶，還採訪了大量鈴木俊隆的親朋好友，可謂下足功夫，爲讀者奉上這本生平傳記，將我們帶進他的生命中，一起見證禪師作爲佛子，將生命化作不懈修行的一生。

我們誤解了這個世界

—— 高僧與哲人的對話

作者／濟群法師、周國平　定價／380元

西方哲學與東方佛學的精彩碰撞，
引領我們看清事物的本來面目，從迷惑走向覺醒。

本書根據濟群法師與著名學者周國平的六次深度對談整理而成。兩位從各自專研的領域出發，圍繞因緣與因果、命運的可變與不可變、無常與永恆等話題，展開深入的辨析，探討正確認識自己、認識世界、認識人生的智慧與哲思。

雪洞
一位西方女性的悟道之旅

作者／維琪·麥肯基（Vicki Mackenzie）
譯者／江涵芝
定價／480元

一位西方女性尋求證悟的故事
多次來台弘法的佛教傳奇人物
著有《活在微笑中：回到生命該有的自然》《心湖上的倒影》等經典之作
長年熱銷書，時隔22年全新翻譯！

丹津葩默的勇氣與決心是如此的撼人，她的生命故事啟發了世間成千上萬有志求道的修行者。丹津葩默現為藏傳佛教中位階最高的女性出家眾，創立了道久迦措林尼寺。她真切的心和有力的行動如同一盞明燈，照亮無數修行者的求道之路。

延伸閱讀

曼達拉娃佛母傳
定價／350元

伊喜·措嘉佛母傳
定價／400元

橡樹林全書系書目
橡樹林好書分享

橡｜樹｜林

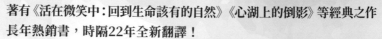

尋找樂土

有些人以爲，在圖表的這一點是娑婆，那一點是淨土；這一點是現在，那一點是在死亡以後生於淨土的時候。我們的修習並不是這樣，我們的修習是「此時此地」，全然地活在當下，在這一刻到達淨土，到達我們眞正的家園。在修習時，有時我們會心生厭煩，厭惡這個世界，想尋找另一個世界，厭惡這一刻而去尋找將來。這是眾生的心理，非常普遍。

眾生常有厭惡這一刻的心念，以爲幸福只在將來，我們討厭這個地方而要去找另一個地方。佛感到痛惜，因此說西方有一個淨土，聽起來好像是一個許諾。這非常重要，我們需要作觀照。如果想理解經文，我們必需深入觀照。

剛開始修習時，我們渴望或者崇敬的對象，往往在我們之外，如上帝、基督、佛、淨土、天國等等。開始時我們在此時此處，只有苦痛，只有凋謝枯竭，只有憂愁苦惱，除此之外什麼都沒有。因此，我們要抓著屬於其他的地方，屬於將來的東西，那可能是天國、淨土、涅槃、佛、菩薩、或者基督。我們常常有這樣的想法，這種思想始於以爲自己一文不值的想法，我們要去找身外的東西，卻不知道在身外的都是由我們的心所投射。

我們塑造雕像來膜拜，例如佛像、天主像或其他的像，這些雕像都是來自我們的心。如果不是來自我們的心，那是從哪裡而來？如果我們的心自在輕盈，那麼雕像的線條也會自在輕盈；如果我們的心沉重，充滿憂傷苦惱，又怎能造出面容自在的雕像呢？因此，所有上帝、天國和淨土的影像，都是由我們的心所造。這些只是影像，還未是實在的。

當我們塑造一尊佛像供奉，見到佛像並不怎麼美，但我們不敢扔掉，不敢摔破，一直想著如果摔破佛像就要背負罪業。但是，塑像是由我們的心所生，我們的基本錯誤認知以爲自己一文不值，所以我們充滿苦痛和失落，以致要尋找外在有價值的東西。

超越有無的概念

當我們合十祈願、憧憬或者觀想，我們自然心感平安。因爲有信心，所以我們的心慢慢清淨。心清淨，就開始生智慧，慢慢地，我們看到一直以爲在外邊的東西，其實是在我們之中。

起初我們以爲佛是在我們之外，經過一段時間的修習，我們覺悟到佛在我們之中。但如果我們精勤修習，就會看到佛並不在我們之中，也不在我們之外。在內或者在外，只是兩個概念，事實超越內外這兩個概念。我們會問：「在內即是在哪裡？在肺、在脾、還是在心？有一個特定的位置嗎？」事實上，在內和在外只不過是概念。其實佛、涅槃、淨土和天國，並不能說是在內、在外、或者在中間，這些概念只在於思想範疇，這對於我們了解經文非常重要。尋找淨土，尋找佛，意思其實是尋找自己。在我的一首詩《尋找》中，有這樣一句：「我找到了佛，我找到了自己。」起初我們在外尋找佛，當找到佛，我們明白佛不在我們之外。找到佛的同時，我們找到自己。佛和我們，並不是分別的兩個個體。

蓮花在心中盛開

當我們念一句「南無阿彌陀佛」，一朵小小的蓮花蓓蕾在佛土出現；再念一句，蓮花蓓蕾又長大些許。這樣修習念佛，蓮花蓓蕾會慢慢開放。這朵蓮花是我們的蓮花，當我們修習成功時，我們會自那朵蓮花而生。那蓮花可能是下品、中品或上品，端視我們的修習。蓮花在佛土中，保留給用心修習的人，不論何時，也不論他們修習多與少。當蓮花在佛土出現時，蓮花也同時在我們心中顯現。

這是很科學的。當我們以正念呼吸並懂得微笑，安樂和幸福的蓮花蓓蕾在我們之中顯現，在我們之中開放，這是愛和安寧的花，我們以蓮花代表安樂寧靜。爲什麼我們要等到將來才享受這朵蓮花？爲什麼我們要往生西方後才享受這朵蓮花？只要誠懇念一聲佛，只需要一個正念呼吸，此時此地，我們就享受到蓮花的安樂自在。淨土就在此時此刻，並不在遠方，我們需要有如此的覺察，以禪修者的眼去看淨土。禪並不是指某一宗派的禪，而是原始的禪，意思是佛和僧眾在過去二千六百年的禪修，如修念處、修安般守意、修現法樂住。我們經常忘記佛陀教導「現法樂住」，幸福快樂活在當下的修習。

【第十二章】禪淨不二

現在樂住，即是幸福快樂地活在當下。「現法」是指此時此地所發生的事，「樂」即是快樂、幸福，「住」是安住、是生活，這是佛陀常常反覆提起的教導，我們可以在今天就感到安樂。佛陀的教導非常美麗和微妙，能在開始修習的那一刻帶來安樂。

當我們開始「吸氣，我心寧靜。呼氣，我微笑」，或者是以自在輕盈的步伐走一步，這時候，我們感到安樂，何需等到幾年之後才有安樂？如果在幾年之後會有安樂，那麼在此時此地也可以有安樂。

因此，在任何時候，我們都能以微笑、呼吸和步行令蓮花蓓蕾盛開，不需要等到將來。這是《阿彌陀經》的禪解。這並不是祖師禪或者如來禪，也不是公案或者默照禪，而是原始佛教的禪。這是《安般守意經》、《念處經》、

《捕蛇人經》和《勝妙獨處經》的禪。根據這些經典，佛陀教導幸福就在當下一刻，淨土就在此刻，在此地，禪和淨能夠互通。

昔日，許多人說修禪難成，修淨土易成。我們的看法是淨土也是禪修的一種，沒有禪的淨土，只是對將來的一項投資。如果在修淨土之中有習禪，那麼在當下一刻我們就在淨土中。淨土的教義非常合乎原始佛教的精神。

這一刻的蓮花

我們每人都有一朵蓮花，不需要去到西方才能見到這朵蓮花，也不需託別人帶攝影機到西方拍攝，才能看到我們的蓮花長得有多大。這朵蓮花就在我們之中，我們會知道它長得有多大。如果我們有一朵蓮花但卻看不到它，那只是徒然。

我們可以把蓮花帶回到心中，在《法句經》裡，佛陀教導：「在萬法之中，心是主。」在《華嚴經》中，佛陀教導：「一切皆由心。心如工畫師，能畫一切景。」

這是《華嚴經》中的一首偈：

若人欲了知
三世一切佛
應觀法界性
一切唯心造

任何人想看到和了解過去、現在和未來三世的一切佛，應該作此觀照。所有的世界萬物，都是由我們的心所造。因此，淨土亦是由我們的心識所造，諸佛的心識和我們的心識一樣。亦如梅村修習中心和這裡的僧團，都是由心識所建成。梅村和僧團是我們的共同建設，由我們希望一起修學和皈依的願望而成。

我們心中的蓮花也由心造成，這朵蓮花象徵淨土。淨土由心，地獄也由心。我們都知道地獄有多熱，我們都曾經在地獄裡被怒火、煩惱火和絕望火燃燒。我們也知道，地獄的一切苦痛皆來自我們的心，而不是外在，淨土也一樣。我們有能力以呼吸、步行和念佛建設淨土。我們想讓蓮花蓓蕾顯現，它就顯現；我們想令它長大，它就長大。當我們心中的蓮花長大，那麼無論我們走到哪裡，淨土都會顯現，我們並不需要去到西方才有淨土。佛說到西方，只是一個方便權宜而已。

在我們心中有一朵蓮花，因而我們能認識上善人和一生補處的菩薩，他們並不在遠方，他們就在我們周圍。因爲無明，所以我們痛苦；因爲妒忌，所以我們未能認識上善人。釋迦牟尼佛並沒有選擇別處，他選擇在這個世界覺悟，在這裡成佛。

菩薩是大地的兒女

在《法華經》中有《從地湧出》這一品。釋迦佛說眾菩薩來自十方，他們是釋迦佛的弟子。聽到此處，迦葉尊者和阿難尊者感到愕然，他們和佛陀的其他弟子都說：「難以相信，佛陀只在大地上教化四十五年，卻有如此眾多的弟子。」因爲這些尊者仍未能以菩薩的眼去看，所以不能了解爲何如此。

當每位菩薩自十方來到時，他們說：「佛陀，請容許我們留在這裡，在這娑婆惡濁之地幫助你。」佛陀微笑道：「感恩各位，在大地此處我們已經有足夠的老師。」然後佛陀讓他們見到所有從大地湧出的菩薩。我們不能說這裡沒有菩薩。我們周圍有持地菩薩、常不輕菩薩、觀音菩薩、大勢至菩薩和其他許多菩薩，他們都是大地的孩子。

在淨土的教理中，我們聽到站在阿彌陀佛右手邊的是觀世音菩薩，站在他左手邊的是大勢至菩薩。如果心胸狹窄，聽到這裡我們會感到不快。我們想像觀世音菩薩正在南海，不相信她在淨土。而事實上，淨土和娑婆爲一。

物理學家說，一顆粒子可以在這裡出現，也可以在那裡出現，這是根據實驗而來的說法。一顆粒子可以是波動，也可以是微粒。我們的頭腦通常會想，波動只可以是波動，波動不可能同時是微粒。但科學證明了粒子可以是波動和微粒，可以在這裡和那裡。因此，我們明白觀世音菩薩也可以在淨土出現。觀世音菩薩是大地的孩子，由大地所生，我們也一樣。觀世音菩薩希望留在這裡，幫助受苦的眾生，我們也一樣。我們周圍有許多偉大的人和菩薩，如果我們沒有被無明遮蓋，如果我們沒有妒忌心和仇恨心，那麼我們能清楚認出這些菩薩。在我們的僧團有許多菩薩，有些年長，有些年輕，出家菩薩和在家菩薩都在這裡。說得更明白些，菩薩在我們每個人心中，但有時他未有機會顯現，因此我們還未是眞正和全職的菩薩。

現實生活中的淨土

十五年前，我在金山寺的開示中，教導禪和淨。

沒有禪的淨土
是未來的淨土
我們的心就是淨土
禪和淨不二

這首偈頌對那次禪修營的參加者有很大的幫助。以禪修的角度去觀照淨土教理，我們能深入了解淨土，修習淨土，讓淨土在當下一刻顯現。以往有一些禪修老師說：「自性彌陀，唯心淨土。」即是說淨土在我們心中，彌陀是我們的自性。許多論著說淨土乃唯心淨土。蓮花的蓓蕾在我們心中，每天我們都能令它長大。這蓮花讓淨土在我們的生活中顯現，讓我們的同修也能享受到這朵蓮花。

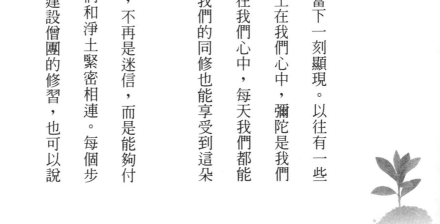

以禪觀的眼去看淨土，淨土不再是幻想和憧憬，不再是迷信，而是能夠付諸實踐的教理。淨土就在我們的日常生活中，我們和淨土緊密相連。每個步伐、每個呼吸、每個字、每個眼神都能建設淨土。建設僧團的修習，也可以說是建設淨土的修習。

曾經有一位老師說，他只能接受淨土的理念，卻不能接受淨土是一個事實。淨土的理念是唯心淨土，彌陀自性。如果西方有淨土，只需念佛達到不退轉，那麼在命終時就能生於淨土，他無法接受。那位老師接受「理」，而不能接受「事」。這樣的說法仍未穩當，因爲如果理不能通達事，理仍未是眞理；如果事不能通達理，事仍未是眞事。事和理存在於彼此之中，兩者不能分開。我們並未看到兩者互通，是因爲我們對兩者的看法尚未完全成熟。對於理的看法並未成熟，對於事的看法也並未成熟。如果我們對事和理的看法已成熟，我們常常能通達事理，融合兩者。念佛和令蓮花在日常生活中長大盛開是事，修習並不是理念，一切我們引用來修習的理念絕對符合事實。淨土的修習是每天的修習，享受淨土亦是每天的享受，並不需要等到往生後才開始享受淨土。

大約十五年前，我在佛羅里達州一所天主教堂講課時說：「你並不需要死後才進入天國。」如果你有念、定和慧，你能開放你的心，天國將會顯現，你能夠在當下一刻進入天國。

在梅村修習中心，我們修習行禪，令我們每個步伐都能走進淨土。「每個步伐走進淨土」是我們的修習，如此修習，事和理都能達至最高的體悟。如果事和理並未能互通，那是因爲事未能成熟，理也未能成熟，兩者未能互相融通，未能彼此融入。

【第十三章】清淨之道

在《阿彌陀經》中，佛陀說：

舍利弗。如我今者。稱讚諸佛不可思議功德。彼諸佛等亦稱讚我不可思議功德。而作是言。釋迦牟尼佛能爲甚難希有之事。能於娑婆國土。五濁惡世。劫濁，見濁，煩惱濁，眾生濁，命濁中得阿耨多羅三藐三菩提。爲諸眾生，說是一切世間難信之法。

在此，我們可以看到諸佛如來時刻互相支持，在弘法道上彼此扶持。不可思議功德是指覺悟的實現，我們並不能以思考深入理解，也不能以文字語言表達。「思」的意思是思考，「議」的意思是討論。

有一些修習方法，在宣說時即時令人生起信心；也有一些修習方法，在宣說時令人難以置信。淨土的修習，主張在西方有一處名爲極樂國土的地方，有一位名叫阿彌陀的佛正在說法。在那國土之中，有無量無數的人非常幸福快樂的住在一起，如此的說法令人難以相信。

難以相信的教理

但是淨土的教理並不是最難置信的教理，釋迦佛所說的其他教理，包括基本的教理，也令人難以置信。例如無我的教導，所有人都相信他們有一個我，但佛陀問：「是什麼令人相信他們有一個我？」無我的教理和社會普遍的認知相反。在佛陀時代，印度教相信有一個永恆的神我，稱爲atman。不只印度教徒相信有一個神我，眾生也有「我」這個想法。人一出生時已有「我」這個概念，因此我們稱之爲「俱生我執」，「我」這個概念和我們的身體一起出生。

佛陀說，事實上並沒有一個我。從那時候開始，無我的教理已經是難以相信的。關於「空」的教理亦是如此。一朵花、一張桌子和一個人，皆被說爲空，那也是難以相信的。諸法皆有形相，但佛陀說其實是無常，令人難以相信。「無作」的教理亦如是，是難信的教理。無作的意思是說，我們無需追求特定的計劃，也無需實現什麼，一切皆已達到。

因此，並不只是淨土的教理令人難以相信，佛陀所說的一切基本教理也令人難以相信。除非能深入觀照，否則如何能有信心，信心來自深入觀照。剛聽到這些教理時，難以即時生起信心，因此我們說這教理爲難信之法。

十方諸佛在兩方面稱讚釋迦佛，第一是在這困難的環境中能成佛和教化眾生；第二是難以相信的教理，佛陀也能宣說，並令人生起信心去跟隨。

我們可以看到，釋迦牟尼佛獨自走進充滿困難和懷疑的戰場，打破和消滅迷信與玄談的障礙，宣說人們最初難以置信的眞理，佛陀已成功做到了。

五濁五淨

經文中提到五濁，濁的意思是渾濁不清，就像水被攪動時變得不清澈。五濁是指劫濁、見濁、煩惱濁、眾生濁和命濁。五濁導致苦惱。與五種渾濁相對的，是五種清淨，即是安全、正見、善念、自他爲一體、無量壽。淨土裡有五淨，而娑婆世界裡有五濁。我們住在這世界裡，被五濁拉扯。當我們住在僧團裡，即是活在五淨的環境裡。

劫濁與安穩清淨

第一種渾濁是劫濁。劫的意思是一段時間，一段時間可以是五十年、七十年或一百年。指時間是渾濁，是因爲時間非常短促，無常而不穩定，因此我們難以安樂。在生活中時間非常短暫，我們沒有足夠的空間和時間去實現自己的渴望。可能我們會幻想自己有許多時間和空間去實現我們的渴望，但事實上生命非常無常，動盪不安，並不穩定。意外事故頻頻發生，阻止了我們的進展，使我們不能實現理想，因此我們稱時間爲劫濁。政治局勢不穩定，社會許多不同的災難、疾病和貧窮，使社會難以進步。我們時常忙碌，令情況變得更壞，這就是劫濁。

相反地，透過禪定，我們可以達到穩定和安全。釋迦佛雖生活於五濁世間，卻能夠成功。在極樂世界，人脫離了劫濁，在日常生活中建立穩定和安全，在那裡沒有災難。爲什麼在淨土裡沒有災難或意外事故？那是基於我們的生活方式，以及如何對環境作出反應。同樣的事情發生，如果平靜地處理，心中有平安和慈悲，那就再也不是意外。意外事故並不是無中生有，而是由因緣而生。例如，當我們以正念駕駛，我們就不會超速，也就不會被檢控。這是一個有趣的範疇，我們可以和僧團一起深觀。

因此，在淨土中第一個實現到的特質是穩定安全。穩定和安全幫助我們修習圓滿，達到解脫和覺悟。在修學的僧團中，我們看到穩定和安全的特質。有些人只受持五項正念修習，或者是「相即共修團」的十四項正念修習，即是在家菩薩十四項正念修習。他們回家後，在日常生活中修習。他們知道，他們的生活環境和地方並不像在僧團中那麼安穩。因爲在家庭和工作之中，他們沒有機會每天二十四小時修習，他們的修習被社會變遷切斷，這些就是劫濁。如果我們有機會留在僧團一年、兩年、三年或者十年，我們會看到僧團比外面的世界安穩得多。因此，僧團非常接近於極樂國土。

僧團有安穩的特質，僧團給我們時間連續不繼地修習。皈依僧，我們可以享受到淨土的第一個特質，即是安全、連續性和穩定。

見濁與清淨知見

第二種渾濁的元素是見濁。見是指錯誤的認知，不正確的見解。例如，事物是無常的，而我們卻以爲常；我們愛的人可能明天已不在這裡，而我們卻以爲他們將會陪伴我們一輩子；這個身體並不是我們，而我們一直以爲它就是我們，這些都是錯誤的認知。

有五種根本的錯誤認知。第一種是身見(satkaya-drishti)，以爲這個身體就是我，我就是這個身體。這個看法會帶來痛苦，令我們在臨終之際變得軟弱擔憂。我們以爲身體將盡，我們以往的行爲也會一併解散，從此我們會變成什麼都沒有，這令我們生起恐懼，邪見就是如此的愚昧。因此，我們要幫助臨終的人看到這個身體並不是他們。

這個身體不是我
我不受身體所限
我是寬大的生命
從未曾生
亦從不會死

在《優婆塞經》中，舍利弗和阿難尊者在給孤獨長者臨終時，給予他這樣的教導。他們引導給孤獨長者禪修，讓他不執著於身體，以及一切以爲是自己的東西。「這個身體不是我，我不被這個身體所限。」這是深入的禪修，我們可以在日常生活中修習以能清楚了解。唯有如此，我們才能在臨終時安然放下這個身體。當我們能在身體之外看到自己，我們就不再恐懼。當我們看到自己以許多不同的形態延續，包括在所有的子孫之中，在我們接觸過和親愛的人之中，在我們身、語、意的行為之中，那麼我們就不會再感到痛苦。我們的生命不局限於身體、感受、認識、心行和意識，因為這些複合元素的本質皆為無常，是會變遷的，我們不能逃避無常和變遷。當有了如此的覺察，我們就會找方法禪修，轉化苦痛、焦慮和恐懼。

第二種錯誤認知是邊見(antagraha-drishti)，即極端的見解，執取一邊，執取極端的見解。這邊是一邊，那邊也是一邊，如一對翅膀，如有無、常斷、一多、進退。相信一切是一，是邊見；相信一切是多，是另一邊見，執取任何一邊皆是邊見。相信有生是邊見，相信有滅也是邊見。

例如有一段木柴在河上漂浮，木柴可能被沖到這一邊或那一邊的河岸，不能漂到大海。同樣地，邊見是我們解脫的障礙。相信一切是恆常，是邊見；相信人死後斷滅，是另一邊見。我們執取這一邊或另一邊的見解，失去自由和自在，就猶如木柴到不了大海。

第三種錯誤認知是錯誤的見解(mithya-drishti)，即是以偏差或顚倒的方法看事物。例如，痛苦的我們以爲是快樂，束縛的我們以爲是自由，白以爲是黑，惡以爲是善。而邪見的意思是把事物看爲相反，令我們不能在日常生活中看到淨土的實相。我們應該深入觀照娑婆世界中渾濁的現象。

第四種錯誤認知是見取見(drishti-paramarsa-drishti)，是對想法或觀點的執取。取的意思是抓住或被卡住。見的意思是見識、概念和認知。我們傾向以爲自己的認知是絕對的眞理，如果我們被自己的認知卡住不能放下，這就是見取見。例如，你懂得做豆腐，以爲自己做豆腐的方法是世上唯一或者最好的方法。你並不知道有許多人做的豆腐比你的更好、更美味，這是見取見。或者你聽到一個概念或教理，然後以爲那是絕對的眞理，認爲任何不跟隨那概念的人都是在錯誤之道上，那些人沒有智慧。被這樣的概念卡住，我們以爲其他所有的概念和理論都是錯誤的，這是盲信，亦是見取見。第四種邪見，就是執取一些見解或理念。

你學到一種修習方法，便說自己的修習方法是最好的，沒有任何其他方法比你的更好，你並不需要開放心扉去學習其他，這是見取見。或者你以爲得到某些東西以後便會更加快樂，例如學位、職位、寺廟的住持、某個代表團的團長。得不到這些東西，你就會一輩子痛苦。執取這樣的見解，你不會快樂。如果能放下這些見解，你將會自由，你會更深入地觀看事物。有許多人今年不快樂，明年也不快樂，因爲他們執取於自己的見解。如果我們相信有人憎恨我們，因而想報仇、想消滅對方，若有這樣的想法，會使我們痛苦一輩子。

在《百喻經》裡，釋迦佛說了一個很好的故事，是關於見取見的。有一個商人，當他外出時，一群盜賊來到，偷走所有東西，放火燒毀村落，並捉走了商人四歲的兒子。當商人回家時，看到屋子被燒毀，屋旁有一具燒焦的小孩屍體，在驚慌的狀況下，他相信那具屍體是自己的孩子。他痛苦萬分，之後安排儀式把孩子的屍體火化。因爲他十分疼愛孩子，便把孩子的骨灰放在一個錦袋裡隨身帶著，無論吃飯、工作或睡覺，都整天隨身帶著這個袋子。

有一天，小孩逃離賊人處，並找到回村的路。大約半夜兩點，他走到父親的新屋前敲門。那時候，商人正拿著那袋骨灰，因爲他相信孩子已死，眼淚潸潸流下。聽到敲門聲，他問：「是誰啊？」小孩回答：「是我，你的兒子啊！」商人動怒，高聲叫道：「我的兒子已經死了，是誰敢在半夜捉弄我？」最後小孩只好離開。

這是一個很好的故事，佛陀想教導我們，許多時候我們抱著錯誤的見解，相信那是眞理，因而當眞理來到我們的門前，我們拒絕開門。人們常常尋找眞理，但當眞理親自來到門前，我們卻不開門，這就是見取見。

第五種錯誤認知是戒禁取見(silavrata-paramarsa)。戒是指禁忌、避諱、禮儀形式、教條和我們執著的信念。例如，我們相信牛是神聖的，因此不敢觸碰牠。或者我們相信灶君或土地公是神聖的，或者相信十三這個數字不吉利，因此在十三日黑色星期五什麼都不做，也不會選擇住在十三樓。任何地方、任何民族，都有由想像或恐懼而生起的信念。我們舉行某些儀式是爲了得到保護和安心，但最終我們卻成爲儀式的奴隸。戒禁取見即是執取儀式和教條，或者和現實不符，對修習和轉化沒有好處的見解。

與見濁相對的，是清淨正見。住在僧團裡，住在淨土裡，我們有機會改變自己的見解，我們能找到相對於五濁的清淨正見。正見的本質是非二元性的，因此也可以說是無執之見。當我們對身體持有正見，就不會以爲身體是我，我就是這個身體。當我們對所愛的人持有正見，就不會以爲愛人是恆常不變的。我們接受所愛的人會改變、轉化這個事實，如實地理解生命，喜樂平安，無需再受苦。這是正見之果實。

煩惱濁與善念

第三種渾濁是煩惱濁，是令我們的心渾濁不善的心念，例如貪婪、憎恨、愚癡、愛好名聲、驕慢等。淨土裡沒有這些煩惱，或者只有少許，因爲這些煩惱已得到處理和轉化。在僧團裡也一樣，這些渾濁的煩惱會比一般人少出現。現在我們就來建設心中的淨土，止息我們的煩惱。

如果我們被貪欲所纏縛，我們將失去服務眾生、培養無限的愛和包容的機會。貪念令我們痛苦，也令我們身邊的人痛苦。因爲貪欲，社會變得不平衡，這是一種污染。

在佛的淨土，在天國，圍繞我們的元素，都有助於培養善念：慷慨、平等心、理解、謙和、慈悲。看到諸大菩薩從早到晚行持愛語和聆聽，我們得到啓發，知道自己也同樣可以這樣修行。這是與其他修行者一起，住在修行團體裡得到的益處。我們彼此正面地影響對方，有具體的方法幫助我們修行。問題在於如何安排生活作息的時間，好讓善心念有機會在我們內在盛開，讓不善心念有機會減少。覺察、正念、深觀、轉化心念這些修習，對我們很有幫助。在淨土裡，只需請諸菩薩支持和指導，就一定能得到幫助。這就是爲何在淨土裡，人人都有一位資深的修行者作爲指導老師。

衆生濁與自他一體

眾生濁是指眾生錯誤的行爲，如不忠實、不修持正念修習、彼此妒忌、不平等、社會階級制、互相剝削、你爭我奪等。社會把人分成不同階級，一個階級剝削另一個階級，一個階級欺壓另一個階級，生活沒有理想，彼此令對方痛苦。

淨土中並沒有眾生濁，因爲淨土裡有佛。我們和上善人以及一生補處的菩薩住在一起，渾濁和污染的元素所餘無幾，因而沒有眾生濁。在僧團中，我們看到渾濁的元素相對而言比外邊許多團體少。我們每天修習，令渾濁持續減少，這就是幸福。感恩有修習，在我們之中的眾生濁每天得到轉化和減少。

與眾生濁相對的，並不是沒有眾生，因為眾生本身並不是一種渾濁，而是人們身、語、意的行為引起渾濁。如果沒有妒忌，不把人分成不同的社會階級，不互相背叛，那就再找不到眾生濁了。

讓我們舉一個例子。在靈修團體裡，要選一位新的領導人。在世俗社會要選領導人時，所有候選人要彼此競爭，擊敗對手來證明自己的能力。他們或批評或公開指責其他候選人，好使自己顯得更為優勝。這是眾生濁。人們並沒有表現出人美好特質，人人都視自己為與別人分開的個體。

相反，讓我們看看需要選新領導人的靈修團體。如果靈修團體也和世俗社會一樣，那眞的很可悲。靈修團體裡的人不會互相競爭，不會彼此指責和批評。他們的清淨修行，是一種自他為一體的清淨。自然地，團體成員會察覺某人的正面品質，能讓他能成爲優秀的領導人。所有成員都有同樣的覺察。選擇他爲領導人時，就不會造成任何痛苦，因爲當中沒有妒忌和不和。

團體所有成員都知道自己是一體的不同部分。所有成員在團體中都有重要的功能。團體之中有人做領導時，其他人就擔任廚師和園丁的工作。沒有什麼會阻礙團體的領導人去做飯，或是廚師去做園藝，又或者園丁去帶領眾人。團體中沒有爭執和矛盾，因爲每位成員都得享修行帶來的滋養，人人一起走在幸福和解脫之道上。如果有負面情緒生起，比如妒忌和敵意，團體的成員懂得如何修習，來接受、深觀和轉化這些情緒。對於修行視自他爲一體的清淨，或許我們不能馬上就成功，但我們是向這個方向穩步邁進。在我們之前的許多賢聖修行者都在支持我們。

命濁與無壽量

最後是命濁，即是在繞圈子，沉淪於生死輪迴中。在娑婆世界裡，我們少有人有高尚的志向，我們只是在繞圈子，追逐名利。除了五欲，即財、色、名、食、睡之外，我們的生命並沒有其他目的。人出生然後死去，死了然後再出生，只是在繞圈子，追逐名利，這就是娑婆世界中的渾濁。

而在淨土中，人人都有方向可走，走向無上正等正覺。在淨土裡的人有共同的目標和理想，他們與共住的一生補處菩薩和上善人有共同的理想，因此，淨土是清淨之地。在僧團也是一樣，我們不會繞圈子。我們加入僧團是爲了停止再繞圈子，我們參與向上之道，達到解脫和覺悟，救助正在沉淪的眾生。

在清淨的僧團中，沒有渾濁不清的元素，沒有追逐名利的命濁。因此，如想要生於淨土，我們需要淨化渾濁的元素，令渾濁的元素沉澱，讓清淨的元素呈現。渾濁的元素即是我們的不安、煩躁和混亂。我們知道渾濁之中含有清淨，如果我們懂得方法，就能變渾濁爲清淨。

當我們脫離了感官欲望，放下了錯誤知見和貪念，我們就是在修行轉命濁爲清淨。我們生命的所有時間和能力都用在美善的方向，愛、祥和、自由的方向，不再受有限的壽命這個觀念所束縛，因爲我們已經體悟到，我們的本性是不生不滅，不來不去。就像一片葉子從沒有生，也永不會死，我們的壽命也是無量。將如此的體悟應用在日常生活中，就是在修行無量壽的清淨。

由濁轉清

舍利弗。當知我於五濁惡世。行此難事，得阿耨多羅三藐三菩提。爲一切世間說此難信之法。是爲甚難。

在這段經文中，我們聽到修行淨土法門是件難事。進入淨土，就和去濁爲清的過程一樣。或許修習淨化並不容易，但整天日夜和僧團一起修行，聽聞佛法，我們有許多正面積極的條件，走在清淨之道上。我們不單是爲自己修行，也是爲了所有祖先，所有後代，以及社會中每一個被苦惱困擾的人而修行。以我們的願力，每天定必能穩步向前。

如果我們想生於淨土，便要修習，以能去濁爲清。我們知道渾濁之中有清淨，清淨就在渾濁之中。假設在沙漠裡，你有一杯渾濁的水，如果把這杯水倒掉，哪裡還有水可以喝？因此，我們應留著這杯水，用方法令濁水變清。同樣地，五淨存在於五濁之中，淨土就在娑婆之中。娑婆就是淨土，如花朵存在於垃圾之中。如果我們懂得處理垃圾的方法，就能培育花朵，這是非常清楚的。釋迦佛能把垃圾變成花，因此在五濁的生活中，他也能建立佛的淨土。

五濁是娑婆世界的屬性，而在淨土裡，劫濁轉化成安穩和清淨的元素，稱爲「清淨大海眾」。見濁是見解的渾濁，也是娑婆的屬性。在淨土中，見濁轉化成正見或者智慧的元素，轉化成蓮池海會，蓮池海會中的平靜、清新和清涼，見濁得到轉化，成爲「無量光」。

煩惱濁即是心靈的污染，也是娑婆的屬性。在淨土裡，煩惱濁轉化成菩提心，覺悟的心。覺悟的心有幸福和安樂，不再有憤怒、貪婪、妒忌、自私或絕望。眾生濁即是眾生在生活中的渾濁，是娑婆的另一屬性，在淨土中轉化成「自性平等清淨」，因而淨土不再有物種與物種間、民族與民族間的歧視，不再有世間的分別，只有慈悲。

命濁即是壽命的渾濁，意思是在生死之中繞圈子，也是娑婆的屬性。在淨土中，命濁轉化成「無量壽命」，壽命超越空間和時間，得到自在和解脫，它來自我們的大願，而非過去的行爲。因此，得生淨土是由於我們的本願和理想，在這一生和往後的無量生，我們繼續本願，在理想之道上修習和實現愛和了解。娑婆和淨土的分別在於一邊有五濁，一邊有五淨。

每天隨著五濁的淨化，五淨變得越來越明顯。念佛、念法、念僧所生起的能量，轉化和消除我們的五濁，解開綁住我們的苦惱之繩，讓我們越來越接近自由、幸福、祥和。每當我們念佛、念法、念僧，我們與淨土和僧團就更加接近。

【第十四章】三資糧

佛說此經已。舍利弗及諸比丘。一切世間天人阿修羅等。聞佛所說歡喜信受。作禮而去。

我們以什麼方法到達淨土和建立淨土？如果想到達淨土，或者於僧團中建立淨土，我們要培養三資糧，即信、願、行。信是相信有解脫的出路；願即是願望，深切的願望；行即是每天修習淨土。只要有信、願、行，我們立即生於淨土。

在淨土的教導中，心願很重要，因爲願和信緊連。有願和信，即使我們處於極苦痛的環境中，仍有地方可以前往，這個地方就是淨土，是和我們一起修學念、定、慧的僧團。如果有信、願、行，生於淨土並不困難。同樣地，如果我們對梅村有信、願、行，那麼想到梅村並不困難，只需打一個電話就能幫助我們到達梅村。

曾經有一位名叫淑賢的年輕女孩希望出家，在她決心出家的那一刻，她的心中已經出現了出家的種子。剃度和穿上僧袍只是等待合適的時間罷了。深入觀照，我們便會看到這個事實。

信、願、行是修習淨土的資糧。讀經應該有深入觀照經文的決心，應該用心讀經，以能在接觸歷史層面時，也能接觸到究竟層面。

信

第一資糧是信心。我們相信痛苦能夠藉由修習脫離生死之道而轉化，淨土就是其中一條修習之道。這信心完全不是概念或空泛的想法，而是根據理智的基礎和實際的驗證。這樣的信心是眞信，而不是迷信。我們處於悲觀絕望的環境，有許多束縛和痛苦，當信心在我們內心生起，立志脫離束縛和痛苦，從那刻起，淨土開始在我們心中顯現。我們開始找方法建設淨土或僧團，互相依止，幸福生活，一起修習，培養信心。

願

不管哪一位大德或高僧，在他們的修習中，都有願。因爲有願，他們能建設淨土或僧團，讓大眾互相依止並一起修習。諸佛菩薩也是如此，每一位都有建設淨土或僧團的大願，希望建立有助於修習的條件。僧團也可以說是淨土，無論僧團是大或小，都有相同的品質；無論淨土是大或小，也有相同的品質，就是信、願和行。

願是由兩種元素造成。第一是「放下」，亦即放下束縛和苦痛，放下生活中的渾濁。第二是「渴望」，想要達到安樂、幸福和淨土中的五淨。

我們要深觀娑婆世界渾濁的現象，以能生起厭惡和欣喜。厭惡，是厭惡娑婆世界的渾濁；欣喜，是喜歡淨土裡的喜悅和清新。我們厭惡追逐財色名利，因為這些東西帶來許多痛苦，因此現在我們決定放下。

我們說：「我不想這樣，我非常厭惡這樣。」對於這些東西，我心灰意冷，這就是厭惡。這時候，我們自然有新的渴望，渴望捨離感到束縛和厭煩的環境，去找一個有安全、愛和安樂的修習環境。僧團就是我們要找的環境。我們帶著願到達僧團，當我們到達僧團時，我們盡本份貢獻僧團，而不只是享受。

在楓林寺的眞威嚴法師出家前，她讀書和念誦經典，讀到地藏菩薩的大願。地藏菩薩說：「地獄未空，誓不成佛。」當她讀到這一句時，心有觸動的說：「我非常感動，希望能助他一臂之力。」當她這樣說時，便開始生起本願。

我們到達淨土，並非只是爲了享受，而是要助阿彌陀佛一臂之力。當我們接觸到自己的本願時，阿彌陀佛就在我們之內，阿彌陀佛在我們的心中。只要我們有信心，只要我們有堅強的願望，我們將不會在束縛和痛苦中迷失自己。

儘管我們正在束縛和痛苦的環境中，但如果我們有信和願，我們就有方法解決。因爲在我們之中，信、願、行開始生起。淨土並非只是阿彌陀佛的淨土，諸佛皆希望建設淨土。不管是哪一位菩薩，無論是大或小，都希望建設淨土。如果在西方有極樂國土（Sukhavati），那麼在東方就有妙喜國土（Abhirati）。妙喜國土裡有不動佛（Akshobya），在不動佛的妙喜國土中有許多快樂，裡面沒有怒火，因此那是清涼之地。早期的《般若經》、《法華經》和《寶積經》皆有提到不動佛。

不動佛現在正在東方教學。他坐在蓮台上，左手拿著衣服的衣角，右手觸地。有許多淨土，但因爲某些原因，在娑婆的眾生特別嚮往阿彌陀佛的淨土。要生於阿彌陀佛的淨土，條件非常簡單。如果希望生於不動佛的妙喜淨土，那麼你必需努力修習多一點。在娑婆世界裡，人們有一個特點，就是懶惰。因此較多人選擇阿彌陀佛的淨土，阿彌陀佛知道我們大部分人都害怕遇到困難。

無論在哪裡都可以找到淨土，淨土存在於僧團之中。僧團在每一處，如果你有注意到，就能找到僧團的地址。當我們到達僧團時，我們立即可以享受安寧的環境，有利於修學的環境。如果想知道那是否爲眞的淨土，我們可以用淨和濁作爲標準。哪兒充滿渾濁，哪兒就是娑婆，而不是淨土。哪裡非常清淨，有安穩、智慧、安樂、慈愛、平等和大願，只有少許渾濁，你就會知道那是淨土。

我們可以繼續參與建設和改善淨土的品質。信和願是兩種資糧，令我們在當下一刻離苦。在娑婆中，我們感到心灰意冷和絕望，因此我們非常痛苦。但如果在娑婆之中有信和願，我們會感到輕盈，不會覺得痛苦。信和願能帶領我們到達淨土，帶領我們到達僧團，皈依僧團。

行

第三種資糧是行，行是修習的具體表現。實現淨土，即是用信和願把淨土變成生活中的事實。所用的方法是念佛、念法和念僧，意思即是時時在當下一刻培養正念，令妄心不生。修習念佛、念法和念僧達到一心不亂，淨土就會顯現。雖然此刻我們沒有求生淨土，但淨土仍會在我們的生命中顯現。

只要把娑婆中的五濁轉化成五淨，我們就是在淨土之中。每天，在我們之中的渾濁淨化了多少，在我們之中的淨土就能顯現多少。因此，念佛、念法和念僧都是淨土的資糧，調和我們之中渾濁的元素，除去我們心中的束縛和痛苦，令我們自由、幸福和安樂。換句話說，每一聲念佛皆是資糧，令我們到達淨土和僧團。因此，信、願、行是三個根本要素，讓我們和其他人都能到達淨土，到達我們的棲身之處。

我們不要想像自己只需在到達淨土以前修習，到了淨土以後就無需修習，這樣的想法與經中的教導背道而馳。沒有修習，淨土便會消失。我們讀《阿彌陀經》，可以清楚看到在淨土裡所有人都修習念佛、念法、念僧，修習五根、五力、七菩提分和八正道分。這些細節讓我們知道，到達淨土後，我們仍要修習。

因此，在每一步的步伐中要有正念，每一個呼吸中要有正念，每次用膳都要在正念中，那麼淨土就會繼續顯現。無論我們做任何事，如果失去正念，就會失去淨土。建設淨土並不是由好的組織能力，主要的是生活中有正念。淨土在於修習。如果我們有修習，那麼無需動一根指頭，我們就能到達西方。如果能把身心安住於當下一刻，安住在正念之中，那麼我們所在之處就有僧團，就有淨土。我們的生活方式把我們帶到淨土，維持淨土，不讓淨土消失。

行令淨土顯現和維持；信和願能幫助我們不會沉淪於苦海和迷誤之河。行能夠維持淨土，令淨土不會消失。行在此的意思是行動，即是修習，即是經常念佛。但念佛的意思是什麼呢？念佛是維持正念。佛是覺醒，是正念，因此念佛即是維持覺醒和正念。修習正念即是念佛，念佛即是修習正念。修習正念能令淨土顯現，在我們每一步的步伐中建設僧團，維持淨土。淨土不只存在於當下，淨土在將來仍繼續存在。如果這一刻是淨土，那麼下一刻也會是淨土。我們在日常生活中的每一個步伐、每一個呼吸、每一個舉止，都能令淨土顯現和維持。

【附錄】課虛錄念佛論

夫念佛者。由心所起。心起於善則爲善念。善念之起。則善業報之。心起於惡則爲惡念。惡念之生則惡業應之。如鏡現象。似影隨形。故永嘉禪師有云。誰無念。誰無生。此之謂也。今學者欲起正念以息三業者。亦假念佛之功也。云何念佛得息三業。

於念佛時。正身端坐。不行邪行。是息身業也。口誦眞言。不道邪語。是息口業也。意存精進。不起邪念。是息意業也。然智者有三。上智者。心即是佛。不假修添。念即是塵。不容一點。塵念本淨。故曰如如不動。即是佛身。佛身即我身是。無有二相。相相無二寂然常存。存而不知。是爲活佛。

中智者。必藉念佛。注意精勤。念念不忘。自心純善。善念既現。惡念便消。惡念既消。惟存善念。以念意念。念念滅之。念滅之時。必歸正道。命終之時得涅槃樂。常樂我淨佛之道也。

下智者。口勤念佛語。心欲見佛相。身願生佛國。晝夜勤修。無有退轉。命終之後。隨其善念得生佛國。後得諸佛所宣正法。證得菩提。亦入佛果。

三者深淺不同。所得一也。然上智者。言之則易。行之則難。今世之人欲趨而學者。空無棲託。盡望涯而退。尤難措足也。中智者。若能勤修如上之說。則立地而成佛。如漏未盡而終之隨其果應。還生于世。受其善報。善報既盡。無人警悟。還落惡趣。如此之者。亦爲難也。下智者。以念爲階。以精進爲棲。注意善緣。願生佛國。勤而不怠。心性純熟。命終之後。隨意所願。得生佛國。既生佛國。於其身者。何失之有。

今之學者。既受人身。三業並有。而不以念佛求生佛國者。不亦難乎。如欲念佛。既以下智爲先。何者。爲有注意故也。譬如作三層之基。而不以下層爲先。未之有也。

原文／陳太宗（一二一八～一二七七）

梅村簡介

梅村位於法國西南部，是一行禪師於一九八二年創立的修習中心。其後，禪師亦在美國、德國及亞洲等地設立禪修中心，歡迎個人或家庭來參加一天或更長時間的正念修習。如欲查詢或報名，請聯絡各中心：

Plum Village

13 Martineau
33580 Dieulivol
France
Tel: (33) 5 56 61 66 88
www.plumvillage.org

Deer Park Monastery

2499 Melru Lane
Escondido, CA 92026
USA
Tel: (1) 760 291-1003
deerpark@plumvillage.org
www.deerparkmonastery.org

Blue Cliff Monastery

3 Mindfulness Road
Pine Bush, NY 12566
USA
Tel: (1) 845 213-1785
www.bluecliffmonastery.org

European Institute
Applied Buddhism

Schaumburgweg 3,
D-51545 Waldbröl,
Germany
Tel: +49 (0) 2291 907 137
www.eiab.eu

善知識系列　JB0116
一行禪師講《阿彌陀經》（本書為2010年《建設淨土：《阿彌陀經》禪解》增訂版）

作　　者／一行禪師
譯　　者／士嚴
編　　輯／陳芊卉
封面設計／耳東惠設計
內文排版／韋懋實業有限公司
業　　務／顏宏紋
印　　刷／韋懋實業有限公司

發 行 人／何飛鵬
事業群總經理／謝至平
總 編 輯／張嘉芳
出　　版／橡樹林文化
城邦文化事業股份有限公司
115 台北市南港區昆陽街16號4樓
電話：(02)25000888＃2738　傳真：(02)25001951
發　　行／英屬蓋曼群島家庭傳媒股份有限公司城邦分公司
115 台北市南港區昆陽街16號8樓
客服服務專線：(02)25007718；(02)25001991
24小時傳眞專線：(02)25001990；(02)25001991
服務時間：週一至週五上午09:30～12:00；下午1:30～17:00
劃撥帳號：19863813；戶名：書虫股份有限公司
讀者服務信箱：service@readingclub.com.tw
城邦讀書花園網址：www.cite.com.tw
香港發行所／城邦（香港）出版集團有限公司
香港九龍土瓜灣土瓜灣道86號順聯工業大廈6樓A室
電話：(852)25086231　傳真：(852)25789337
E-mail：hkcite@biznetvigator.com
馬新發行所／城邦（馬新）出版集團【Cité(M) Sdn.Bhd.(458372 U)】
41, Jalan Radin Anum, Bandar Baru Sri Petaling,
57000 Kuala Lumpur, Malaysia.
電話：(603)90563833　傳真：(603)90562833
Email：services@cite.my

初版一刷／2010年10月
二版七刷／2024年04月
ISBN／978-986-5613-47-1
定價／260元

城邦讀書花園
www.cite.com.tw

橡樹林文化

讀者回函卡

感謝您對橡樹林出版社之支持，請將您的建議提供給我們參考與改進；請別忘了給我們一些鼓勵，我們會更加努力，出版好書與您結緣。

姓名：＿＿＿＿＿＿＿＿＿＿ ☐女 ☐男 生日：西元＿＿＿＿＿年

Email：＿＿＿＿＿＿＿＿＿＿＿＿＿＿＿＿

●您從何處知道此書？

☐書店 ☐書訊 ☐書評 ☐報紙 ☐廣播 ☐網路 ☐廣告 DM ☐親友介紹

☐橡樹林電子報 ☐其他＿＿＿＿＿＿

●您以何種方式購買本書？

☐誠品書店 ☐誠品網路書店 ☐金石堂書店 ☐金石堂網路書店

☐博客來網路書店 ☐其他＿＿＿＿＿＿

●您希望我們未來出版哪一種主題的書？（可複選）

☐佛法生活應用 ☐教理 ☐實修法門介紹 ☐大師開示 ☐大師傳紀

☐佛教圖解百科 ☐其他＿＿＿＿＿＿

●您對本書的建議：

＿＿＿＿＿＿＿＿＿＿＿＿＿＿＿＿＿＿＿＿

＿＿＿＿＿＿＿＿＿＿＿＿＿＿＿＿＿＿＿＿

＿＿＿＿＿＿＿＿＿＿＿＿＿＿＿＿＿＿＿＿

＿＿＿＿＿＿＿＿＿＿＿＿＿＿＿＿＿＿＿＿

＿＿＿＿＿＿＿＿＿＿＿＿＿＿＿＿＿＿＿＿

非常感謝您提供基本資料，基於行銷及客戶管理或其他合於營業登記項目或章程所定業務需要之目的，家庭傳媒集團（即英屬蓋曼群商家庭傳媒股份有限公司城邦分公司、城邦文化事業股份有限公司、書虫股份有限公司、墨刻出版股份有限公司、城邦原創股份有限公司）於本集團之營運期間及地區內，將不定期以 MAIL 訊息發送方式，利用您的個人資料於提供讀者產品相關之消費與活動訊息，如您有依照個資法第三條或其他需服務之務，得致電本公司客服。

我已經完全瞭解左述內容，並同意本人資料依上述範圍內使用。

＿＿＿＿＿＿＿＿＿＿＿＿（簽名）